**Klaus Bittermann (Hg.) – Unter Zonis**

D1663580

Klaus Bittermann, lebt, schreibt und verlegt Bücher in Kreuzberg, Berlin. Herausgeber zahlreicher Anthologien (41) und Beiträger für selbige. Schreibt Woche für Woche für die *junge Welt* die »Blutgrätsche«, die Wahrheit über den Bundesligaspieltag und kolumniert außerdem »Das Who's who peinlicher Personen«. Buchveröffentlichungen u.a.: »Wie Walser einmal Deutschland verlassen wollte«, Berlin 2005. »Der Aufstand der Kuscheltiere. Eine Räuber- und Pistolengeschichte«, Kinderbuch, illustriert von Rudi Hurzlmeier, Zweitausendeins, Frankfurt 2007. Hörbuch: »Sieben Abschweifungen über Hunter S. Thompson«, Berlin 2006.

Edition
TIAMAT
Deutsche Erstveröffentlichung
Herausgeber:
Klaus Bittermann
1. Auflage: Berlin 2009
© Verlag Klaus Bittermann
www.edition-tiamat.de
Druck: Fuldaer Verlagsanstalt
Buchumschlag unter Verwendung eines Wandbildgemäldeausschnittes von Max Lingner
ISBN: 978-3-89320-137-2

Klaus Bittermann (Hg.)

# Unter Zonis

**Zwanzig Jahre reichen jetzt so langsam mal wieder**

**Ein Rückblick**

**Critica
Diabolis
170**

**Edition
TIAMAT**

# Inhalt

# Die Wiedervereinigung als gerechte Strafe

## Eine Vorbemerkung

*Klaus Bittermann*

Als die Mauerspechte am Werk waren, war zufällig Marc Dachy bei mir zu Besuch. In Frankreich ist er ein bedeutender Dada-Spezialist. Er hat schon zahlreiche Bücher über dieses Thema herausgegeben und geschrieben. Natürlich pilgerten auch wir zur Mauer und guckten uns die bekloppten Heinis an, die emsig wie Baumarktheimwerker auf den Beton einhämmerten.

Viel besser als an dieses Bild erinnere ich mich an den einteiligen Schlafanzug von Marc Dachy, mit dem er aussah, als sei er direkt einem Buch von Wilhelm Busch entsprungen. Über ihn konnte ich mich viel mehr amüsieren als über die johlende Menge, von der ich damals nicht so recht wußte, was ich von ihr halten sollte, die mir aber unheimlich war und die ich deshalb mit dem Blick eines Ethnologen betrachtete.

Mit Marc Dachy und viel gutem Willen einigte ich mich darauf, das ganze als eine Art Happening zu betrachten. Unter Revolution stellte ich mir jedenfalls etwas anderes vor, als mit staatlicher Duldung auf ein Bauwerk herumzuklopfen, das sowieso zum Abriß freigegeben worden war, dem man in Wirklichkeit aber viel verdankte. Es hatte einem nämlich die Zonis vom Leib gehalten, die man ja dann auch prompt am Hals hatte, die auf dem Kudamm einfielen, das Begrüßungsgeld abgriffen und Beate Uhse belagerten. Ich will das nicht verurteilen, Menschen sind auf Konsum fixiert, jeder kann das an sich selber testen, aber deshalb muß man die Gier nach Tand noch lange nicht toll finden.

Die Zonis waren mir seit je her als unangenehme Zeitgenossen in Erinnerung, die niemand wirklich mochte, verschrobene, kleinliche, sauertöpfische Wesen, die an allem herumzumeckern hatten, die sich belogen und betrogen vorkamen und ihre Blödheit auch noch an die große Glocke hängten. Meine Tagesausflüge nach Ostberlin in den Achtzigern waren jedenfalls unglaublich deprimierend. Wie konnte man scharf darauf sein, sich mit diesen komischen Leute, die ja in einer harmonischen Symbiose mit dem »Cordhütchen-Sozialismus« (Wiglaf Droste) lebten, zu vereinigen? Was, bitte schön, ist so toll daran, daß die Mauer eingerissen wurde?

Ohne nostalgisch zu werden und sich die alten Zustände zurückzuwünschen: Berlin hat viel an Reiz verloren. Westberlin hatte einen ganz besonderen Status. Es war ein echtes Biotop, eine Insel der Glückseligkeit, abgeschirmt von der sonstigen Unbill der Welt hielten die Alliierten ihre schützende Hand über die Stadt, die durch eine einzigartige historische Konstellation zustande gekommen war, und sie hatte eine echte Attraktion zu bieten. Heute unterscheidet sie sich durch nichts mehr von irgendeiner anderen Stadt, die ein bißchen zu groß geraten ist, und ihr Hype besteht hauptsächlich in Billig-Pizza-Döner-Mampf und in ihrer Stillosigkeit. Zwei Dinge, die sie für die Jugend der Welt attraktiv macht.

Hätte man damals ein Dach auf die Mauer gesetzt, wäre es eine geschlossene Anstalt gewesen. Heute ist die Anstalt offen. Ein schöner Anblick ist es nicht. Überall laufen einem Politiker, Touristen, Muttis und Journalisten über den Weg. Und Zonis natürlich. Auch nicht schön. Früher wurde wenigstens noch jede Menge Geld in die Stadt gepumpt. Und heute? Eine Stadt, die pleite ist, und ein Senat, der der lächerlichen Vorstellung anhängt, mit Suhrkamp ließe sich Kultur nach Berlin importieren.


Nach zwanzig Jahren hat man sich fast an die Zonis gewöhnt. Jedenfalls nimmt man sie gar nicht mehr richtig wahr. Das Interesse daran, was es mit denen da drüben heute noch auf sich hat, ist begrenzt. Immer noch ist die Zone in ihren schlimmen Ecken und Wüsteneien ein ideales Rekrutierungsfeld der Rechten, wenngleich der Zonen-Mob mit ihnen kein spektakuläres Bündnis mehr eingeht wie in Rostock-Lichtenhagen. In manchen landschaftlich reizvollen Gegenden wurden die Glatzen sogar vertrieben, wie in Rheinsberg, wo man seitdem Tourismus hat. Das ist erfreulich, selbst um diesen hohen Preis.

Eine Studie, die sich mit dem psychischen Befinden der Zonis zwanzig Jahre danach befaßt, hat herausgefunden, daß die Zonis immer noch die alten sind. Eine Überraschung ist das nicht.

41% sind ausländerfeindlich, obwohl der Anteil der Ausländer an der Bevölkerung dort nur 2% beträgt, und eine Mehrheit der Ostdeutschen fühlt sich immer noch nicht »hinreichend als Bundesbürger integriert«, denn das ist ja wohl das Mindeste, was man als Zoni von den Wessis erwarten kann. Überhaupt überwiegt die Unzufriedenheit mit den Verhältnissen, aber was sich mal als positives Zeichen werten ließ, sagt heute nur etwas über die Erwartungshaltung aus, und die besteht darin, daß die Zonis glauben, sie hätten einen Anspruch auf Rundumversorgung. Sie sind sich treu geblieben, es gibt also keinen Grund, die Wiedervereinigung nach zwanzig Jahren doch noch zu begrüßen.

Nicht weniger absurd wäre es, die Wiedervereinigung zu beklagen oder gar rückgängig machen zu wollen. Ganz im Gegenteil muß man die Wiedervereinigung als gerechte Strafe für diejenigen interpretieren, die sich als Deutsche fühlen, sich aber auf den Tod nicht ausstehen können, und zwar deshalb, weil sich Ossis und Wessis so ähnlich sind.

Speziell für diese Menschen habe ich schon 1993 und dann 1999 zwei Anthologien über die Zonis herausgegeben. »Der rasende Mob. Die Ossis zwischen Selbstmitleid und Barbarei« und »It's a Zoni. Die Ossis als Belastung und Belästigung«. Zwei Hits in der Verlagsgeschichte, die beide für Furore sorgten. In den ARD »Tagesthemen« sagte der Kommentator: »Das Buch ist verletzend, einseitig und ungerecht«, und der damalige Bundespräsidentenkandidat Jens Reich wollte »das Büchlein in hohem Bogen in den Papierkorb werfen« und schrieb ausführlich darüber in der Zonenpostille *Die Wochenpost*. Dieses Buch nun ist ein Test, wie stark die Emotionen auf der Empörungsskala noch ausschlagen. Oder wird uns heimlich zugestimmt, aber niemand mag es zugeben?

Jedenfalls sind viele Leute der Zonis wie in einer langjährigen Ehe überdrüssig geworden: Man weiß, man hat sie am Hacken, aber was soll man machen? Also ignoriert man sie, weil man nicht mehr die Kraft aufbringt, sich von ihnen zu trennen, auch wenn man weiß, daß es das beste wäre. Und dann stellt man auf einmal fest, daß man zwanzig Jahre zusammen auf den Buckel hat. Schön ist das nicht, aber es ist ein weiterer Grund, sich zu erinnern, wie wenig erfreulich es anfing und wie schrecklich es weiterging, was für ein merkwürdiges Land es gewesen war und immer noch ist, und welche komischen Sitten und Gebräuche im Sozialistischen Arbeiter- und Bauernstaat der Deutschen Demokratischen Republik herrschten.

Aus diesem Grund wurden neben vielen exklusiv für diesen Band geschriebenen Reminiszenzen an die DDR einige Insiderberichte, Reisereportagen, soziologische und politische Analysen aus den letzten zwanzig Jahren versammelt, die schonungslos offenbaren, was es mit denen da drüben wirklich auf sich hatte, und die eins ganz deutlich machen: der Wiederaufbau der Mauer wäre eine feine Sache, denn nach zwanzig Jahren reicht es mal so langsam wieder. Und Kleinstaaterei liegt doch sowieso im Trend und wird überall auf der Welt von der Bundesregierung unterstützt. Warum nicht auch in der Zone?

# Nichts gegen die da drüben

*Michael O.R. Kröher*

Das Peinliche an der DDR sind die Leute, die dort wohnen. Sie sind sogar so peinlich, daß wir uns in den 37 Jahren ihrer Existenz noch nicht einmal einen Namen für sie ausgedacht haben. »Ostler« versteht außerhalb Berlins kaum jemand, »DDR-ler« klingt verstopft und nach Behörden-Latein, »Ostdeutsche« wäre schlichtweg falsch, und »Mitteldeutsche« hört sich an wie gewollt und nicht gekonnt. Es bleibt bei »die da drüben«. Mit Sächsisch – in Wahrheit ein anthropologischer Fachbegriff für eine verwachsene Kinnlade – als verkappter Staatssprache. Mit Wenden und Kaschuben als »sozialistischen Brudervölkern« im eigenen Land. Mit all ihren Überbleibseln des kalten Krieges, die einfach niemand wegzuräumen wagt.

Will man diese Spezies Mensch genauer kennenlernen, bleibt einem nichts anderes übrig, als selbst zu den Brüdern und Schwestern zu fahren. Denn hierzulande sieht man sie äußerst selten. Aber schon dieser Akt des Entgegenkommens ist peinlich. Will man irgendeine Tante in der Nähe von Leipzig besuchen, dann ist das viel schwieriger und unangenehmer, als zu einer x-beliebigen anderen Tante in der Nähe von Osnabrück oder Schwäbisch Hall zu reisen, die aller Wahrscheinlichkeit nach auf Grund irgendwelcher Zivilisationsneurosen viel schwieriger und unangenehmer ist als die Verwandte bei Leipzig. Letztere muß erst eine Einladung aussprechen und dann umständlich bei irgendwelchen Bezirksämtern ein Visum für den gewünschten Besuch beantragen. Man kann also nicht einfach dort einfallen, weil man ahnt oder zu wissen glaubt, daß die Tante am Wochenende frischen Pflaumenkuchen gebacken haben wird. Man muß sich diesen niedrigen Beweggrund schon sechs bis sieben Wochen vorher eingestehen, der Tante einen »lieben Brief« schreiben, das Datum eines eventuellen Besuchs ankündigen und dann permanent mit einem schlechten Gewissen über die eigene Gier herumlaufen. Es dauert lange, bis das Visum kommt.

Doch das ist von der DDR genau geplant und durchkalkuliert. Diese sechs Wochen nutzt der Eingeladene erfahrungsgemäß beflissen, um sorgfältig alle Posten zu besorgen, die auf der obligatorischen Wunschliste des zukünftigen Gastgebers stehen. Der hat grundsätzlich keine Hemmungen – denn der Besuch aus dem Westen ist für eine DDR-Familie oft die einzige Möglichkeit, an so unentbehrliche Dinge wie Marshmallows, Abba-Poster und gestreifte Zahnpasta zu kommen. Fragt man sich dann noch, woher denn unsere planwirtschaftlich erzogenen Gastgeber in der DDR diese Segnungen der Konsumgesellschaft kennen, muß man noch einen Schritt tiefer in die Seele des DDR-Bürgers und in die westöstlichen Gepflogenheiten eindringen: Das schönste Geschenk, das man bei einem Besuch in der DDR mitbringen kann, ist nicht etwa ein Modeartikel wie zum Beispiel Taschenrechner, sondern der aktuelle Quelle-Katalog! (Einer von Otto, Neckermann oder Bader tut's zur Not auch.)

So ertappt sich dann der Reisende, wie er beim Packen des Wagens verzweifelt nach Stellen sucht, wo man noch ein Glas Nescafé, noch einen NougatRiegel für die Oma und noch ein Dutzend Kaugummi-Packungen für die Neffen verstecken kann. Denn der DDR-Zoll ist bekanntlich noch pedantischer und strenger als die östlichen Einfuhrbestimmungen. Ein argloser Bundesbürger wird langsam aber unausweichlich zum Schmuggler und Kleinkriminellen. Die da drüben dulden keine Feigheit vor dem Zoll und keine faulen Ausreden wie »Das Modell gab's nicht mehr« oder »Wir konnten es nicht mehr im Auto verstecken«. Sie pochen auf die bestellte Menge Kakaopulver und auf die mattgrüne Ölfarbe für die Fensterläden wie auf ein international verbrieftes Recht. Das Ritual der Gastfreiheit gegen Gastgeschenke, von Geben und Nehmen, Kosten gegen Nutzen darf und soll im Deutschland des dialektischen Materialismus auf gar keinen Fall gebrochen werden.

Ist schließlich die Grenze passiert, sind für jeden Aufenthaltstag im Gastland brav 25 D-Mark zum 1:1-Tarif gewechselt und die Scheine und Münzen jenes seltsamen Geldes verstaut, das nicht nur so aussieht, als käme es aus dem Kinderkaufladen, sondern für das man im Grunde genausowenig kaufen kann, so fängt die Quälerei mit denen da drüben erst richtig an. Jetzt hat der Gegner

Heimvorteil. Hinter der Grenze liegt (fast immer) die Autobahn. Und dort herrscht die erste der vielen Beschränkungen. Die DDR ist das einzige Land der Welt, das einerseits über so etwas wie ein Autobahnnetz verfügt, dessen Automodelle aber andererseits nicht in der Lage sind, die dort vorgeschriebene Höchstgeschwindigkeit beliebig lange einzuhalten. Wie sollten sie auch! Die liebevoll als »Trabbis« bezeichneten Keksdosen rollen auf Rädchen, die selbst für Schubkarren zu klein wären. Ihre Zweitaktmotörchen im Heck stoßen knatternd blaue Ölwölkchen aus dem Auspuff – so appetitlich wie Blähungen. Die selten häßlichen Import-Skodas gelten hierzulande als Beleidigung jedes Gemeinschaftsparkdecks – dort werden sie reißend gekauft. Es gibt in der DDR auch eine beliebte Automarke namens »Schigully«. In jedem westlichen Land hätte sie mit dem Namen vermutlich eine ebenso große Chance auf dem Markt wie ein Pulloverhersteller namens Kratzfussel.

Bis man sich in der DDR einen Wagen leisten kann, der jederzeit und souverän die 100-Stundenkilometer-Mauer durchbricht, muß man Funktionär, Polizist oder am besten beides sein. Solange sich das reale Kraftfahrzeugwesen der DDR auf ebener Erde abspielt, fällt die Insuffizienz der einheimischen Motoren noch nicht weiter ins Gewicht. Erst wenn sich eine leichte, fast nur zu ahnende Steigung nähert, verkneifen sich die Mienen in den DDR-Rückspiegeln. Wird der Wartburg diesmal die 100 halten können, wird er nicht die in ihn gesetzten Hoffnungen wieder enttäuschen? Die gewöhnlich vollzählig versammelten fünf Wageninsassen rücken (noch) enger zusammen. Jeder will den Blick auf die Tachonadel frei haben, jenes untrügliche Meßinstrument beim Leistungsvergleich der Systeme. Alle halten den Atem an, legen die Hände auf die dünnen Plastikpolster, um sich zu vergewissern, daß die Vibrationen von Motor und Fahrwerk konstant bleiben. Und dann: nur nicht nach hinten sehen! Kommt der Westler wirklich näher ran? Ist der Abstand noch gleich groß? Nein, eben geht es noch ein Zehntel Prozent mehr bergauf, da fällt die Tachonadel, da stöhnt der Zweizylinder, da verstummen die singenden Reifen, und nicht einmal der Krampf in den Muskeln des rechten Fahrerbeins kann an dem fatalen Leistungsabfall etwas ändern.

Da heißt es für den Westler: Blinker setzen, zügig nach links ausscheren und mit den drei, vier erlaubten Stundenkilometern mehr unerträglich langsam vorbeiziehen. In solchen Situationen zeugen Seitenblicke nach rechts von einem bedauerlichen Mangel an Pietät, aber wer könnte sie sich verkneifen? Immerhin sieht man selbst in unserer gnadenlosen Konkurrenzgesellschaft selten gleich fünf Paar rote Ohren auf so engem Raum.

Ein noch viel peinlicheres Zusammentreffen von Ost und West gibt es auf den Straßen der DDR. Eins, bei dem die da drüben immer und prinzipiell verlieren; eins, bei dem sie und ihre Schrumpeln nicht die kleinste Chance haben. Wenn man sie nämlich an der Tankstelle überholt. Am »Intertank« müssen die da drüben vor den Zapfsäulen in langen Schlangen auf ihr VK 95 oder gar VK 88 warten: »Volkskraftstoff« mit lausigen 88 Oktan – zuwenig für jeden guten Rasenmäher. Die Westler rauschen vorbei zu den grünen »Intertank«-Säulen, wo nur West-Währung zählt. Und wo man vor allem so viel Sprit kaufen darf, wie man bezahlen will. Auf diese Art und Weise zieht man sich selbst mit den redlichsten Absichten auf einen Schlag den Groll von 20 bis 40 Volks-»Kraft«-Fahrern zu.

Architektonische und kulturgeschichtliche Sehenswürdigkeiten werden in der DDR meist sorgfältig vor den Blicken aus passierenden West-Wagen versteckt. Als Entschädigung hat man riesige Plakattafeln mit den verschiedensten Parolen längs der großen Durchgangsstraßen aufgestellt. Wo hierzulande die glücklichen Kühe weiden, strahlen dort in Vierfarbdruck die glücklichen Ostler – meistens im Blaumann sowie möglichst mit Helm (passend gelb oder alarmrot) und Frau (passend im karierten Rock und einfarbiger Bluse). Der Blick ist chronisch zuversichtlich, und die dargestellten Gesten sind so steif und überdreht wie die »charakteristische Handbewegung«, die bei uns auf die Frage folgt: »Welches Schweinderl hättens denn gern?«

Ungerührt stehen die da drüben allein, mit Familie oder in Rudeln auf ihren Plakaten rum, lassen ihr Lächeln zwischen gewinnend und dreist spielen und schmücken damit die obligatorischen Parolen, in denen irgendein Plansoll, ein Parteitag, die internationale Solidarität oder – seltener – die Völkerfreundschaft besungen wird. Meistens geht es um Jahrestage oder um Prozente. Aber nicht um soundsoviel Prozent mehr Lohn oder weniger Inflation, wie naheliegt, sondern um mehr Arbeit! Und da zweifle noch einer, daß die da drüben allesamt ein wenig andersrum sind.

Neutraler sind nur die Sprüche an den Straßenbrücken: »Feinmechanik aus Magdeburg«, »Optisches Präzisionsgerät aus Jena« und – symptomatisch, lautmalerisch und das Selbstverständnis von denen da drüben zusammenfassend – »Plaste und Elaste aus Schkopau«. Allein die Vorstellung, daß es einen »deutschen« Ort mit einem Namen gibt, der sich anhört wie ein molukkisches Nudelgericht oder wie pathologischer Schluckauf und in dem so außerirdische Dinge wie »Plaste und Elaste« hergestellt werden, läßt alle nur denkbaren Zweifel an diesem Land und seinen Leuten aufblühen. Erst nach langem Grübeln und vielen Ecken, um die herum zu denken ist, dämmert die Einsicht herauf, daß Schkopau etwas Ähnliches wie Leverkusen sein muß. Nur käme hierzulande kein vernünftiger Mensch auf die Idee, aus einem solchen Ortsnamen und solch sonderbaren Produkten auch noch einen Werbespruch zu zimmern.


Fährt der DDR-Reisende nicht ausgerechnet zur Leipziger Messe, so ist er unweigerlich unterwegs zu einer Familie. Die Begrüßung ist ebenso herzlich und lästig wie überall, doch stellt man sehr bald fest, daß das endlose Händeschütteln, das Umarmen und die Begrüßungsküßchen zu den angenehmeren Teilen des Rituals gehören. Denn was folgt, ist zwar nicht kompliziert, dafür aber sehr schwer durchzustehen. Es wird nämlich fast pausenlos gegessen. Schon lange heißt der Küchenmeister in der DDR nicht mehr Schmalhans.

Im Gegenteil. Die größte Freude, den maximalen Lustgewinn im libidofeindlichen DDR-Alltag ziehen die da drüben aus der Nahrungsaufnahme. Da wird gefuttert, genascht, gespachtelt, gestopft und gevöllt. Denn in der DDR ist man weit entfernt von der Nouvelle Cuisine oder sonstigen Ideologien des Kaloriensparens. Dort gilt noch: gelobt sei, was satt und fett macht!

Ein DDR-Speiseplan sieht ungefähr so aus: zum Frühstück neben dem normalen Kaffee oder Tee mit Zucker und Sahne Brötchen und Brot, dick Butter, hausgemachte oder von Verwandten organisierte Leber- und Blutwurst (aus der Dose) mit viel Grieben und extrem hohem Schmalzanteil, Dauerwurst (sprich: Salami-Verschnitt), Schinkenspeck (sämtliche mageren Schinkensorten scheinen in der DDR noch nicht erfunden), saure Gurken und Senfgurken, je nach Jahreszeit Radieschen und Tomaten sowie Meerrettich, Pflaumenmus, Marmeladen und Konfitüren, Honig und für jeden natürlich zwei pflaumenweiche Frühstückseier.

Nahrungsmittel sind trotz staatlich kontrollierter und niedrig gehaltener Preise der größte Posten in jeder DDR-Haushaltskasse. Die Menge macht's. Darüber hinaus werden viele Eßwaren hergestellt oder unter unvorstellbarem Aufwand und beinahe unmenschlichen Mühen organisiert. Wie könnte man da etwas zurückweisen? Man ißt also höflich von allem.

Das Mittagessen wird stets pünktlich eingenommen. Hier gilt wie bei allen Mahlzeiten: die Tafel muß sich unter den aufgefahrenen Portionen biegen! Ganz egal, was im Laufe des Tages schon alles verdrückt wurde. So gibt es denn zum

Beispiel: einen großen Teller und nicht ein bescheidenes Suppentäßchen voll »Kraftbrühe« mit ungefähr der dreifachen Menge an Markklößchen- oder Eierstich-Einlage; danach fetten Ostseefisch in schwerer weißer Soße plus Beilagen; dann mindestens zweierlei Fleisch – etwa Schweinebraten *und* Rouladen oder Sauerbraten *und* Schweinshaxe –, eine dunkle Soße, in welcher der Schöpflöffel aus schwerstem Tafelsilber aufrecht stehenbleibt; dazu böhmische Knödel *und* Nudeln, Erbsen und Möhren, zweierlei Salat; zum Abschluß eine Eisbombe mit sehr viel Schlagsahne; Waffeln und Gebäck selbstverständlich inklusive. Danach noch Kaffee mit Zukker und Sahne sowie mehrere Weinbrand.

Und wehe dem, der nicht so zulangt, als hätte er gerade eine Kriegsgefangenschaft, krankhafte Magersucht oder einen mehrjährigen Aufenthalt in einem Zen-Kloster hinter sich. Die da drüben sorgen selbst dafür, daß ein Ablehnen des übermäßigen Eßangebots unmöglich wird. Sie verhindern damit, daß das Gastgeber-Gast-Ritual einseitig wird. Denn wer Hunderte in »Geschenke« investiert hat, der soll sich selig in dem Eindruck wiegen können, auch für Hunderte bewirtet worden zu sein.

Aber vermutlich futtern die da drüben auch ohne den Gast aus Weitwest so viel. Dieser Gedanke liegt zumindest nahe, wenn man ihre Statur betrachtet. Ein Kurzschluß drängt sich dabei auf: Die schweigende Mehrheit der DDR schweigt nur deshalb, weil sie die ganze Zeit über ißt. Und mit vollem Munde spricht man nicht. Auch nicht in der DDR.

Der oder die da drüben sind nicht unbedingt

fettleibig – dafür arbeiten sie zuviel am festgelegten Soll und rackern nachher noch im Kleingarten, an der Datscha oder in Schwarzarbeit. Das Leben in der DDR ist nicht hektisch, aber anstrengend. Der lange Marsch zur Bushaltestelle und zurück, das Schlangestehen beim Einkaufen, der hohe Wartungsaufwand, den man für jedes technische Gerät selbst erbringen muß, das alles zehrt an den schweren Fettpolstern.

Dennoch sind viele da drüben schwammig. Die Gesichter sind rosig aufgedunsen, einzelne Äderchen über den Backenknochen und auf dem Nasenrücken geplatzt. Das Augenweiß ist gelblich getrübt bis blutunterlaufen. Das kommt vom hohen Cholesterinspiegel. Denn die Ernährungsweise der DDR spricht allen Erkenntnissen der Wissenschaft Hohn: Sie beruht hauptsächlich auf Fett und Kohlehydraten. Von beidem möglichst viel. Dadurch gehen der und die da drüben einfach ein wenig aus dem Leim, ohne deswegen gleich zusammenzubrechen. Ein junger Mediziner verglich einmal die Physiognomie des durchschnittlichen DDR-Menschen mit der einer ziemlich frischen Wasserleiche eines ehemaligen Cholerikers.


Irgendwann steuert jedes Tischgespräch »Thema Nummer eins« an. Auch das ist grundsätzlich anders als in der restlichen Welt. Sexuelles ist dort generell tabu, Erotik unerschwinglicher Luxus und selbst Körperlichkeit verpönt; Politik zu diskutieren ist vergebliche Liebesmüh, und die Beziehungskisten sind noch weniger flexibel als anderswo. Bleibt nur die Organisation des Alltags, speziell die Versorgung. Es gehört sowieso zum guten Ton, ständig eine oder besser gleich mehrere leere Einkaufstüten parat zu haben, um nur keine Konsumgelegenheit ungenutzt zu lassen. Bei der Beschaffung der wichtigsten Güter wird jeder und jede einzelne da drüben zum Pfadfinder: Bereit sein ist alles. Vom Erwerb besonders rarer oder günstiger Waren wird wie von einem exotischen Abenteuer erzählt. Etwa wie Opa drei Tage und zwei Nächte für den neuen Chromsiphon im Bad angestanden hat. Oder wie die Schwiegermutter zufällig an ein ganzes Paket Lippenstifte zum regulären Preis gekommen ist.

Doch sind solche Glücksfälle nicht allzu häufig. Als Westler macht man sich keine Vorstellung, was denen da drüben alles fehlen kann. Und wie intensiv sich der Mangel an irgendwas beklagen läßt: Fehlende Waschhandschuhe können jederzeit eine halbe Stunde lang herbeigesehnt werden, neue Lichtschalter halten genausolange vor, das Jammern über Bettwäsche nimmt schier unendlichen Raum ein, bis schließlich mit Teppichboden der absolute Trumpf im Lamentieren ausgespielt wird. Von Autoersatzteilen schweigt der Westbesucher besser ganz.

Aber selbst so weitschweifige Überlegungen führen nicht am unerbittlichen Primat der Speisefolge vorbei. Spätestens um halb vier nachmittags hat jede Hausfrau der DDR die Kaffeetafel fertig überladen. Das ist ihr ganzer Stolz. Wenn möglich, stimmt sie die Blumensträußchen auf das Muster der Tischdecke ab, was nicht deshalb schwierig ist, weil es so wenig oder so wenig verschiedene Blumen gibt, sondern weil die meisten Tischdeckenmuster der DDR so schreiend häßlich sind, daß sich entsprechende Sträuße kaum finden lassen. Doch in den meisten Fällen paßt sowieso nichts mehr auf den Tisch, und das Muster wird größtenteils von den gigantischen Kuchenplatten verdeckt. Für die Kaffeetafel von sechs Personen rechnet eine Hausfrau da drüben mindestens sechs Torten. Aber keine kaloriensparenden Quarkkuchen, keine neumodischen Joghurt-Teilchen und ungezuckerten Blätterteig-Stückchen. Hier werden nur schwerste Kaliber aufgefahren. Absolute Renner auf dem Kaffeetisch der DDR sind Buttercreme- und Sahnetorten, die überall auf der Welt ausgemerzt sind, seit man weiß, daß Leberzirrhose eine Krankheit ist. Am allerbesten kommt »Schneewittchenkuchen« an. Der schmeckt, als habe man eine ganze Schwarzwälder Kirsch- mit einer Buttercremetorte verquirlt, das Gemisch eingedickt und dann mit Schokoguß überzogen. Mindestens sechs Stücke davon zu essen ist Pflicht. Und hinterher gibt's hausgemachten Eierlikör.

Wer schon jetzt nicht mehr papp sagen kann, darf sich im stillen auf das Abendessen freuen: Geflügelsalat mit viel Mayonnaise als Vorspeise, überbackenen Toast *plus* Schinken im Schlafrock und frische Salate, danach Irish Coffee.

Dann folgt die große Stunde des Hausherrn. Der tut so, als hätte er nicht wie alle Umsitzenden Wackersteine im Bauch. Er läßt die Sektkorken knallen, bringt kreuzfidel einen Toast nach dem andern aus und kündigt einen Dia-Abend an.

Fremder Leute Dias zu betrachten, ist grundsätzlich eine arge Schinderei – in der DDR aber gerät eine Dia-Vorführung zur mittelschweren Folter. Denn erstens steht dem Amateurfotografen dort sehr wenig Filmmaterial zur Verfügung. Deshalb muß er auf gekaufte Fotos von besuchten Sehenswürdigkeiten zurückgreifen. Die bieten allesamt ausgesucht langweilige Perspektiven und sind zudem so ausgeblichen, daß die unvorbereiteten Besucher nicht erkennen können, ob eine Aufnahme das Winterpalais in Leningrad von innen, den Roten Platz in Moskau in der Totale oder den Hradschin in Prag von unten zeigt. Auf den selbstgemachten Bildern sind dafür die Farben um so schriller. Denn auch die da drüben tragen im Urlaub sogenannte Freizeitkleidung: pralle und weite, formlose Hängekleider für die Frauen und knallige Hemden und Hosen für die Männer. Die Muster und Farben der auf den Dias abgebildeten Textilien sind von einer so grellen Buntheit, daß sie woanders nicht einmal das Rote Kreuz bei der Altkleidersammlung annehmen würde. Außerhalb der wenigen Urlaubsländer, die den Ostlern offenstehen, wäre nämlich zu befürchten, daß die textilen Reizüberflutungen zu menschlichen und politischen Zusammenbrüchen führen könnten.

Überhaupt die Kleidung in der DDR: ein Volk zieht sich schlecht an. Gutgeschnittene Anzüge sind in der DDR so rar wie Aufsichtsratssitze. Die Stoffe knittern, lange ehe sich der Träger auch nur einmal hingesetzt hat, schon vom Wind auf der Straße. Jeansanzüge sind der Hit der letzten Fünfjahrespläne. Sie sehen aus, als sei ein blauer Standard-Konfirmationsanzug mit einem übergroßen Kohlensack gekreuzt worden.

Die Frauen in der DDR haben es grundsätzlich leichter. Zum Beispiel an Tagen mit Besuch, wie oben geschildert. Für sie ist es überhaupt kein Problem, die ohnehin knappe Zeit zwischen den einzelnen Mahlzeiten zu füllen. Sie waschen ab, bringen die Küche zuerst in Ordnung, dann gleich wieder in Unordnung, um das nächste Gericht zuzubereiten. Die Männer gucken derweil in die Röhre. Nicht wie überall sonst in die Fernsehröhre, sondern sie langweilen sich wirklich. Denn man kann so gut wie nichts unternehmen. In der ganzen DDR existiert keinerlei Unterhaltungsprogramm. So gibt es kein Kino. Jedenfalls kein nennenswertes.

Nie würde einer von denen da drüben behaupten, Kino-Fan oder gar Cineast zu sein. Kino ist etwas Nebensächliches, beinahe Anrüchiges. Theater besitzt die DDR zwar reichlich, aber die spielen bekanntlich nur abends und dann entweder Klassiker oder sozialistischen Realismus, also Einschlafhilfen für intellektuell gehobenere Ansprüche. Auch über das Konzertangebot ließe sich nicht klagen, wäre alles im Leben nur eine Frage der Quantität. Aber bei den meisten klassischen Aufführungen, die sich die da drüben anhören müssen, fideln Schulorchester oder sonstige Amateure, denen gegenüber irgendwelche Verpflichtungen bestehen (eigene Verwandte oder die des Chefs etc). Sonst würde sich niemand all die musikalische Mittelmäßigkeit antun.

Ganz ähnlich die Rockgruppen. Sie haben so attraktive Namen wie »Sterncombo Meißen«, »Rockgruppe Kreis« oder »Puhdys«. Die Texte und die Musik der DDR-Rocker sind schlichtweg schaurig, die besten Songs sowieso Importe aus dem Westen. Tanzen kann man überdies kaum, weil es in der DDR nur eine kümmerliche Anzahl von

Diskotheken und »Tanzschuppen« gibt. Etablissements mit kulturell weniger hochstehendem Anspruch existieren – wenn überhaupt – allein in Ostberlin, und ganz loses Amüsement ist in der DDR generell verboten.

Bleiben die zahllosen Sportveranstaltungen. Objektivitätsapostel werden jetzt hämisch die bedeutenden Siege über bundesdeutsche Fußballer auffahren. Doch läßt sich dieser Makel leicht mit einem Grundbegriff der Psychologie abbürsten: Die DDR war und ist einfach ein Angstgegner, weiter nichts. Kein Wunder bei einem Land, dessen Vereine sich mit so klobigen Namenszusätzen wie »Dynamo«, »Lokomotive« oder »Rammbock« schmücken.

Die Sportler der DDR schneiden bei internationalen Wettkämpfen immer überdurchschnittlich gut ab. Auch dafür gibt es jedoch eine simple Erklärung: Die da drüben rennen so schnell, hüpfen über Latten und Sandgruben, turnen an allen möglichen Geräten und durchrudern endlose Kanäle, denn sie wissen nicht, was sie sonst tun sollen! Sie haben einfach keine anderen Möglichkeiten, als sich für Startsprung- und Wendetechniken, für Hanteln, Schulterwürfe und »moderne Fünfkämpfe« zu begeistern.

Kein Mensch in der DDR würde je zugeben, daß es völlig gleichgültig ist, wie schnell irgendwer irgendwann auf irgendeiner Aschenbahn dieser Welt die Entfernung von 100 Metern zurücklegt. Sinnentleerte Zahlen und Daten sind für die da drüben so wichtig und faszinierend wie der Börsenbericht für einen Makler. Am allerliebsten mögen sie daher Punktsiege.

Was machen die da drüben aber, wenn sie sich

völlig zweckfrei unterhalten wollen? Sie unternehmen einen endlosen Spaziergang nach dem anderen. Ewig glotzen sie in die gleichen Ackerfurchen und Baumwipfel, sie schauen dem Gras beim Wachsen zu und den Bächen beim Fließen. Stundenlang. Wohnt man in der Stadt, spaziert man um den Block und betrachtet im Schaukasten der Schule die Bilder der diesjährigen Karl-Marx- und Lessing-Preisträger, am Werkstor die der »Helden der Arbeit«. Woche für Woche, Plan für Plan. Mit einer Ausdauer, die durch langjähriges Zeittotschlagen gestählt ist.

Dabei muß die DDR-Mutti nicht einmal fürchten, daß ihr Göttergatte sich in irgendwelche Kneipen flüchtet. Die gibt es nämlich in der DDR nicht. Zwar existieren »HO-Gaststätten«, aber die sind so einladend wie ein Westwallbunker und so gemütlich wie der leergelaufene Laderaum eines leckgeschlagenen Supertankers.

Nur zu den Mahlzeiten herrscht Remmidemmi. Dann steht die Schlange der Wartenden bis weit auf die Straße. Man darf das Lokal nicht betreten, sondern muß an einer mit einem Schild oder einer Schnur gekennzeichneten Stelle auf den völlig gestreßten Oberkellner warten. Erst wenn ein Tisch oder eine entsprechende Anzahl von Plätzen frei geworden ist und sich die Vorgänger bereits mit einem sodbrennenden Lächeln an der Garderobe kabbeln, wird man eingewunken. Eine sechsköpfige Gesellschaft besitzt so in den seltensten Fällen die Chance, gemeinsam zu speisen, es sei denn, sie würde bis ans Ende der Rush-hour warten und dann mit den Küchenabfällen vorliebnehmen.

Selbst eine Kleinstgruppe von zwei Gästen

kann nie sicher sein, in welche Winkel und Abgründe einer HO-Gaststätte sie die Launen des Schicksals und des Oberkellners verschlagen werden. Man lernt dabei notgedrungen schmatzende, schwerhörige, gebißverlierende oder zankende Ungeheuer kennen, wie sie sich ein japanischer Horror-Trickfilmer nicht übelerregender ausdenken könnte. Doch ist das nicht das Problem der Kellner. Die haben alle Hände voll zu tun, die verfügbaren Speisen herbeizudonnern, ehe sie noch kälter sind, als sie in der Küche schon waren. In vielen HO-Gaststätten werden kaum mehr als zwei oder drei Gerichte angeboten, wovon mindestens eins ewig ausgegangen ist. Die übrigen sind immerhin billig: mexikanisches Mettgericht (frei übersetzt: deutsches Beefsteak mit süßem Mais) oder ungarisches Zwiebelfleisch mit Letscho (Gulasch mit scharfem Paprikagemüse) kosten zwischen 1,18 und 3,76 Ost-Mark. Durch die vielen abwechslungsreichen Pfennig-Beträge schleppen die da drüben alle immer einen Haufen Münzen mit sich herum. Ihre ausgebeulten Hosen, Jacken und Mäntel rühren also keineswegs nur von den Fäusten, die sich dort angeblich so zahlreich in den Taschen ballen.

Der Abschied von denen da drüben kann sich für den Reisenden als die schwierigste Klippe erweisen. Stehen nämlich Geburtstage, Jubiläen, Festtage oder sonstige Feierlichkeiten bevor, kommt man in den seltensten Fällen drum herum, Unmengen »liebgemeinter« Geschenke mitzunehmen und so dem DDR-Zoll abermals ins offene Messer zu laufen. Die Ausfuhr von Meißner Porzellan, altem Familiensilber und sämtlichen sonstigen Objekten, die nicht nur teuer, sondern auch schön sind, ist nämlich generell verboten.

Entweder schenken die da drüben selbstgehäkelte Topflappen in original DDR-grellen Wollfarben. Oder aber die Präsente kommen unweigerlich aus dem Erzgebirge: handgeschnitzte Weihnachtsengel, lackierte Küchenhandtuchhalter oder sonstige Nutzlosigkeiten. Die Objekte sind meist nicht nur ultra-häßlich, sondern auch überproportional groß. Die Geschenkartikel der DDR wandern daher außerhalb ihres Heimatlandes sofort auf die Speicherböden oder den Sperrmüll. Doch wagen nur wenige das Wegwerfen – immerhin stammen die unförmigen Dinge von Gastgebern, bei denen man fürstlich bewirtet wurde. Und der moralische Druck läßt sich dummerweise nicht an der DDR-Grenze abstreifen. Nur damit ist es zu erklären, daß so manches kerzenflammenbetriebene Ungetüm von Puttenkarussell Jahr um Jahr bundesdeutsche Wohnzimmer und Gabentische verschandelt.

Aber auch sonst ist alles, was aus der DDR herauskommt, grundsätzlich peinlich. Man denke nur an die buntgemusterten Kittelschürzen, die bundesdeutsche Großversender seit Anfang der 60er Jahre aus der DDR einführen und hier zu Preisen verschleudern, deren offensichtliche Türkenfreundlichkeit nicht den ästhetischen Flurschaden aufzuheben vermag. Wenigstens sind die Möbel des »unmöglichen« schwedischen Möbelhauses hierzulande selbst bei den Armen im Geiste verpönt, seit sich herumgesprochen hat, daß die so »urwüchsig skandinavisch« wirkenden Bohlenkonstruktionen in Wahrheit im Thüringer

Wald mehr schlecht als recht zusammengehobelt werden.

Darüber hinaus importiert die westliche Welt wenig Güter von denen da drüben. Auch ideologisch oder politisch besitzt die DDR kaum Einfluß. Zwar kennt man bei uns eine kleine Partei, die ihrem System nahesteht und deren Mitglieder allesamt herzensgute Menschen sind. Nur kann aus der Partei nicht wirklich etwas werden, solange sich ihr Vorsitzender standhaft weigert, einen anderen, publicity-wirksameren Namen anzunehmen. Der Mann, der im goldenen Westen den real existierenden Sozialismus propagiert, heißt Herbert Mies.

An politischen Peinlichkeiten herrscht auch sonst kein Mangel. Selbst der ranghöchste und erfolgreichste DDR-Spion wurde schmählich entlarvt, verurteilt und inhaftiert. Kein anderes Land mußte je der Bundesrepublik gegenüber eine solche Schlappe hinnehmen. Auch der Meisterspion war halt nur einer von denen da drüben. Er wurde dementsprechend auch nicht spektakulär befreit oder freigepreßt, sondern nach sieben mageren Jahren abgeschoben, ausgetauscht gegen die eigenen Nieten und Versager.


Auf kulturellem Gebiet sind die da drüben allerdings nicht kleinlich. Da können sie gar nicht genug rüberbringen. Und am liebsten ist ihnen, wenn die, die rüberkommen, auch gleich hierbleiben. Nicht immer machen das die Kulturschaffenden freiwillig. Dann hilft man da drüben ein bißchen nach – wie beim Biermann. Der wedelt jetzt im Hamburger Nobelviertel Othmarschen mit seinem Markenzeichen herum: dem erhobenen Zeigefinger.

Oder Reiner Kunze. Sein fragwürdiger Ruf stützt sich hauptsächlich auf ein fragmentarisches Werk über das Leben da drüben. Die Schlüsselfrage seines Machwerks: Christkind oder Sozialismus?

Oder Rudolf Bahro. Solange er zu Unrecht in irgendeinem Bautzen schmachtete, war seine »Alternative« bei denen beliebt, die selber hier gerne die »Alternativen« gewesen wären. Irgendwann war dann auch der Bahro hier. Es stellte sich aber schnell heraus, daß er nicht einmal ein vernünftiges Fernsehinterview geben konnte.

Seit kurzem schickt die DDR eine Liedermacherin. Vorerst geht sie immer wieder brav zurück, aber niemand weiß genau, wie lange uns diese angenehmen periodischen Abwesenheiten noch vergönnt sein werden. Früher oder später wird auch sie hier landen, ein Penthaus oder (wahrscheinlicher) einen Bauernhof kaufen, wochenlang durch die Kulturmagazine geistern und schließlich Gedichtbände bei renommierten Verlagen und zu überteuerten Preisen herausgeben. Bislang begnügt sie sich mit gelegentlichen Tourneen und Platten.

Könnte es sein, daß es der DDR mit dieser Liedermacherin tatsächlich gelungen ist, die bisher unerbittlichen und unfehlbaren Mechanismen der westlichen Qualitätsansprüche zu unterlaufen? Sollte das Schule machen? Werden die da drüben jetzt weltweit unangenehm?

*1982*

# Haß gegen den Rest der Welt

## Die Entwicklung seit Anfang 1990

*Wolfgang Pohrt*

In Hoyerswerda hatte die Regierung sich dem Willen rechtsradikaler Gewaltverbrecher und den Wünschen der Bevölkerung gebeugt. Einen Gefallen tat sie damit niemand. Nichts Schlimmeres nämlich können die Deutschen sich antun als die Erfüllung ihrer Wünsche. In diesem Fall wies nicht erst das Ende der Geschichte – die Steinwürfe auf den Bus mit den fliehenden Asylbewerbern – darauf hin, daß der Mob seines Erfolgs nicht froh werden würde, sondern schon der Anfang zeigte vielmehr, daß es für die Einheimischen von Hoyerswerda Schrecklicheres als die Anwesenheit von Ausländern gab: Die Aussicht, die Fremden davonfahren zu sehen, irgendwohin, wo es nur besser als in Hoyerswerda sein konnte, und selber allein, ohne ausländische Leidensgenossen, zurückzubleiben in diesem elenden Kaff mit seinen gräßlichen Menschen. Das Hassenswerte an den Asylbewerbern war ihr Privileg, nicht immer in Hoyerswerda gelebt haben zu müssen. Sie zu vertreiben hieß daher nur, ihnen ein noch größeres Privileg zu verschaffen. Es war die gleiche auswegslose Situation, in welcher die Deutschen sich gegenüber den Juden befunden hatten, deren vermeintlich andere Vergangenheit und Herkunft eine unerträgliche Provokation für Leute war. die ihre deutsche Vergangenheit und Herkunft als Fluch empfanden. Analog dazu ertrug man in Hoyerswerda die Anwesenheit der Fremden nicht, noch viel weniger aber durften sie entkommen.

Über den Beginn der eine Woche dauernden Belagerung des Ausländerwohnheims durch den faschistischen Mob meinte die *FAZ* vom 24.9. 1991: »Dabei war der Anlaß offenbar eher banaler Natur.« Er war es nicht, wie dem Bericht zu entnehmen ist:

»Die Nachbarn eines von vietnamesischen und mosambikanischen Gastarbeitern bewohnten Ausländerwohnheims fühlten sich von einer lauten Abschiedsfeier gestört, mit der die jungen Arbeiter die Rückkehr in die Heimat feiern wollten. Der nächtliche Protest entlud sich schließlich in massiven Äußerungen von Fremdenfeindlichkeit, die sich daraufhin auch gegen ein Asylantenheim in der Stadt richteten. Diese gereizte Atmosphäre, die sich nicht zuletzt auch aus den sozialen Spannungen im Braunkohlenrevier erklären läßt, machte sich sehr schnell die rechtsradikale Szene zunutze, deren fremdenfeindliche Aktionen parallel dazu auch in Hannover und im Saarland stattfanden.«

Von der fröhlichen Abschiedsfeier der Ausländer fühlten die Einheimischen sich provoziert, weil ihnen dämmerte, daß sie die Sache nun unter sich würden ausmachen müssen. Wovor ihnen

graute, wird klar, wenn man anhand von Presse-
berichten verfolgt, wie seit der Wiedervereinigung das Verhältnis der Deutschen zueinander
und ihr Verhältnis zu den Ausländern sich entwickelt hat. Ein simples Eskalationsschema kri-
stallisiert sich dann heraus: Der Haß gegen den
in- oder ausländischen Rest der Welt, welcher die
einander verabscheuenden Deutschen punktuell
eint, steigert doch nur die Feindseligkeit zwischen ihnen, die wiederum mit verstärktem Haß
gegen Ausländer neutralisiert werden muß, usw.

*

Phase Nr. 1 (November bis Ende 1989)
*Amoralisches Verhalten führt zu begründeten*
*Minderwertigkeitsgefühlen und Aversionen*

Die Ostdeutschen machten sich bei den Westdeutschen schnell unbeliebt. Nicht in der Zeitung,
aber am Stammtisch wurde von sprunghaft ange-
stiegenen Ladendiebstählen gesprochen, vom
mehrfach kassierten Begrüßungsgeld, vom pam-
pigen Auftreten der Ossis, die alles kostenlos
wollen, keine Verkehrsmittel und am liebsten
auch das Bier nicht bezahlen, überhaupt von ihrer penetranten Schnorrerei, von ihrem sonderbaren Bananenhunger und ihrer raffgierigen Art,
Unmengen von Billigkram abzuschleppen. Aldi,
Kaufhalle etc. waren, wenn für die Invasoren aus
dem Osten erreichbar, fest in deren Hand, es kam
zu Lieferengpässen, im Westen wurde das Einkaufen zur Strapaze.
  In der DDR und an ihren Grenzen spielten sich
Szenen ab, bei denen die Ossis ihrem Namen alle

Ehre und eine ziemlich schäbige Figur machten. Um Plastiktüten mit Reklamematerial, die von Lastautos herab in die Menge geworfen wurden, prügelte man sich fast, wie dies in Elendsvierteln der Dritten Welt die Kinder tun, oder wie es früher angeblich die Eingeborenen taten, wenn es Glasperlen gab. Die Gratisverteilung von Bananen und Kaffeepäckchen erinnerte stark an die Viehfütterung im Zoo. Auf jegliche Selbstachtung verzichteten Leute, die den Verzicht wirklich nicht nötig und deshalb auch keinen Entschuldigungsgrund hatten, weil sie weder arm waren noch gar im Elend lebten.

Der Ossi Ende 1989 also, wie der Wessi ihn sah, und wie er sich auf Grund seines vorangegangenen Verhaltens bald selber sehen mußte: Ein gieriger Schnorrer, der sich gern erniedrigen und beschämen läßt; einer, der sich zum Bettler für ein paar bunte Filzstifte macht, die er vermutlich doch nicht brauchen wird; ein notorischer Betrüger und Aufschneider außerdem, der sich nicht nur Begrüßungsgeld mittels doppelter Ausweispapiere ergaunert, sondern angeberisch von einer Revolution erzählt, die er zu machen er sich nie getraut hätte.

Und dumm, wie er ist, tappt er dabei dauernd in Fallen, die er sich selber stellt. Weil er möglichst viel Entschädigung, Anerkennung und Ruhm ernten will, wird er nicht müde, die Tyrannei, von der er sich nun befreit zu haben glaubt, und sein eigenes vermeintliches Leiden unter dieser Tyrannei, in den grellsten Farben zu malen. Damit provoziert er die Frage, warum er dies 45 Jahre lang ausgehalten und widerstandslos hingenommen hat. Je bereitwilliger der

Ossi dem Wessi erzählt, was der hören will, nämlich wie furchtbar das kommunistische Unrechts-
regime in der DDR gewütet habe, desto mehr
stellt er selber sich als geschädigt dar, d.h. als
schadhaft, und obendrein als Duckmäuser und
Mitläufer. Um künftiger Vorteile willen verrät er
seine Vergangenheit, ohne zu merken, daß diese
Vergangenheit ein Teil seiner selber ist: Wenn die
DDR und die SED so schlecht waren, wie er sie
nun schildert, kann auch er nicht viel taugen.

Phase Nr. 2 (Anfang bis Herbst 1990)
*Begründete Minderwertigkeitsgefühle der Ostdeut-*
*schen und begründete Aversionen gegen sie führen*
*zu unbegründetem Fremdenhaß*

Mit den Ostdeutschen, wie sie waren, konnte keiner leben. Sie selber konnten es nicht, und die
Westdeutschen konnten es auch nicht. Der er-
probte Ausweg aus diesem Dilemma ist die Projektion: Was der Mensch an sich selber nicht er-
trägt, verschiebt er auf eine andere Person. Das
Ossihafte an den Ostdeutschen begann daher, eine ihnen fremde, eine fremdländische Gestalt anzunehmen. Die Ossis haßten also ihre andersfar-
bigen Namensvetter, die Fidschis und Mossis,
außerdem jene, die wie sie selbst in der Rang-
skala ein wenig östlich der Zivilisation eingestuft
worden waren, also die Russen und die Polen. Die
sollten nun büßen dafür, daß die DDR-Bürger
schon ihr eigenes Verhalten im Herbst 1989 keinem verzeihen konnten, und noch viel weniger,
daß sie seither zur Strafe den Namen Ossi trugen.

Das psychologische Erklärungsmuster ist bekannt. Auffällig in diesem Fall ist allerdings, daß psychoanalytische Kenntnisse dabei wirklich nicht bemüht werden müssen, weil es so offensichtlich ist, daß die Ostdeutschen von sich selber sprechen, wenn sie die Fidschis und Mossis beschreiben, die schon dem Namen nach in die gleiche Rubrik wie die Ossis gehören, in die Rubrik der Stammesverbände. Auf dieser etwas zurückliegenden Zivilisationsstufe siedelten die Ossis sich selber an, vollkommen zu Recht, weil sie sich tatsächlich wie Eingeborene bei der Ankunft der Missionare benommen hatten. Von einer psychischen Störung zu sprechen wäre deshalb falsch, weil die Störung ein praktisches Verhalten – das der Ostdeutschen im Herbst 1989 – war und alle Folgen sich logisch daraus erklären lassen, ohne daß man den Arzt bemüht. Es war eben kein Minderwertigkeitskomplex, worunter die Ostdeutschen litten, sondern wirkliche Minderwertigkeit, wie jeder Mensch sie sich selber vorwerfen muß. wenn er moralisch versagt hat.

Die Verwandlung von Ossis in Mossis (Mosambikaner) und Fidschis (Vietnamesen):

*Der Spiegel* 14/1990 (2. April) berichtet unter dem Titel »Wachsender Fremdenhaß in der DDR«:
   *»Afrikanische Arbeiter werden als ›Briketts‹ angepöbelt. Ausländer raus!‹ brüllte die Menge auch bei den letzten Leipziger Montagsdemos. Rechtsradikale Schlägertrupps verprügelten schwarze Studenten. Und in den Geschäften wird dunkelhäutigen Kunden die Ware verwehrt. ›Wir lassen*

*uns nich aufkaufen, zeterte eine Verkäuferin am Ost-Berliner Alexanderplatz‹ ...«*

Anders gesagt: Der Ossi bei Aldi. Überhaupt wird der Feind in Deutschland gern als konsumwütiger Raffer geschmäht, viele Türkenwitze verfolgen diese Tendenz. Zunächst handelt es sich dabei um eine Projektion, um die Abwehr eines in der Tat etwas sonderbaren Charakterzugs. Obwohl die BRD ein Wohlstandsland ist, spielen sich bei der Öffnung der Kaufhäuser im Schlußverkauf regelmäßig Szenen ab, die an die Verteilung von Brot an die verhungernden Kurden erinnern. Wohl in keinem anderen Land mutet die Bevölkerung sich ähnliche Strapazen zu, um etwas billiger an überflüssige Dinge zu kommen. Ferner aber dürfte der Neid eine große Rolle spielen, der Neid darauf, daß andere vernünftige Gründe haben, das zu tun, was die Deutschen leidenschaftlich gern, aber vollkommen grundlos tun. Die Türkin, die im Schlußverkauf vier große Tüten Kleider bei C&A ergattert, ist trotzdem keine krankhafte Rafferin, denn sie hat eine große Familie und viele Kinder. Es dürfte hart für die Deutschen sein, wenn sie es mit ansehen müssen, wie andere die besseren Menschen sind, wenn sie das tun, was die Deutschen nicht lassen können. Darum sehnen die Landsleute sich auch nach Notzeiten zurück: Es waren Zeiten, wo es vernünftige Gründe gab, sich wenig menschlich zu verhalten.

*»... ›jetzt sind wir das Volk‹. Ausländer seien ›die größten, faulsten Schweine‹, gab ein etwa 18-jähriger DDR-Bürger zu Protokoll; ...«*

Der Ossi im westdeutschen Aufnahmelager, wie er sich betreuen und versorgen läßt, ohne selber einen Finger krumm zu machen. Auch der Vorwurf *Faulheit* ist eine Projektion, er resultiert daraus, daß die Deutschen eigentlich bei jeder Tätigkeit gegen die eigene Lustlosigkeit ankämpfen müssen.

»... *eine junge Frau assistierte, die Fremden würden ›sich aufführen, als wären sie die Größten‹ ...*«

Der Ossi als Revolutionsheld, der im Westen das große Wort schwingt und alles kostenlos haben will, zur Belohnung dafür, daß er so mutig für die Einheit des Vaterlandes kämpfte. Aber natürlich auch der Wessi als reicher Protz, der dem Ossi eine Banane und ein Bier spendiert. Die ganze Wiedervereinigung war eine Mischung aus Selbstdemütigung und wechselseitiger Demütigung.

»... *und außerdem ›die Weiber hier alle wegnehmen‹ ...*«

Auch die Wessis trifft später dieser Verdacht. Einerseits ist er insofern begründet, als er die absolute Käuflichkeit aller menschlichen Beziehungen in der Zone voraussetzt. Die Frau, die von ihresgleichen abfällig als von den ›Weibern‹ spricht, schätzt sich und ihre Landsleute wohl richtig ein, schließlich waren sie alle auf der Suche nach einem reichen Käufer. Der Verdacht ist allerdings insofern unbegründet und ein reiner Wunschtraum, als die ganze Ex-DDR offenbar keiner kaufen will, und das dürfte auch für die Frauen dort gelten.

»... *Ein Mittzwanziger empfahl allen Ernstes: ›Das Viehzeug muß ausgerottet werden, ohne zu zucken.‹ Vor zwei Jahren schon wurde ein Gastarbeiter aus Mosambik in der Nähe von Riesa aus* dem fahrenden Zug gestoßen. Der Täter, nach kurzer Haftzeit entlassen und von jeder Einsicht unberührt, glaubt nun, ›daß ausländische Bürger uns die Arbeitsplätze wegnehmen‹. Mit dem Kommando ›Schnell raus!‹ hetzte die Belegschaft eines Ost-Berliner Geschäfts kürzlich eine schwangere Polin vor die Tür. Und in Forst machten aufgebrachte Bürger Jagd auf ein vietnamesisches Mädchen, das in der örtlichen Kaufhalle Fleisch und Reis erstanden hatte. ›Du kaufst unsere Läden leer‹, lautete der Vorwurf der Verfolger. Wenig später schwamm die Tasche der Vietnamesin in der Neiße. ›Das ist schon nahe am Pogrom‹, klagt Dieter Graßmann, ein Deutschlehrer für vietnamesische Arbeiter in Weimar.«

Der Bericht war ergänzt um ein Gespräch mit der damaligen Ausländerbeauftragten der DDR, Frau Almuth Berger, 46, Theologin, Mitglied der *Bürgerbewegung Demokratie jetzt* und vom *Runden Tisch* in ihr Amt delegiert:

»*Spiegel:* Frau Berger, in Leipzig, so meldete kürzlich die Ost-*Berliner Zeitung,* ›hat sich die Ausländerfeindlichkeit verschärft. Mehrere lateinamerikanische Studenten mußten nach tätlichen Angriffen von DDR-Bürgern ins Krankenhaus eingeliefert werden. Die Volkspolizei erklärte sich nicht in der Lage, alle Ausländerwohnheime durch spezielle Patrouillen abzusichern, obwohl dort schon Randalierer eingedrungen‹ seien. Was löst so eine Meldung bei Ihnen aus?

*Berger:* Ich reagiere erst mal mit Zorn, mit einem Stück Trauer und vielleicht auch mit Enttäuschung.«

(...)

## Phase Nr. 3 (Herbst 1990)
*Verbitterung über den mißglückten Coup führt zum Haß der Westdeutschen auf die Ostdeutschen*

Nach der Währungsunion waren die ökonomischen Folgen der Wiedervereinigung ungefähr kalkulierbar geworden, als die Gelackmeierten standen nun auch die Wessis da. Man fühlt sich ein wenig an eine Zweckheirat erinnert, wo nach der Trauung der Mitgiftjäger plötzlich erfährt, daß die Gattin das erwartete Vermögen gar nicht besitzt. Wo vorher schon keine Liebe war, entsteht dann kalter Haß. Weil die Deutschen die Sittlichkeit nie zur Maxime ihres Handeln machen – Lafontaine trat beispielsweise in Hoyerswerda an mit dem Argument, Deutschland brauchte die Ausländer zwecks Erhaltung seines Wohlstands, und deshalb dürfe man sie nicht vertreiben – sind sie extrem abhängig von Erfolg oder Mißerfolg. Mißlingt ein Unternehmen, welches man für richtig und moralisch berechtigt hielt, so wird man das Mißlingen zwar bedauern, aber es entsteht keine unheilbare Bitterkeit. Mißlingt hingegen ein lediglich auf den Zweck hin berechnetes Unternehmen, dem man obendrein noch die eigene Moral geopfert hatte und wobei man sich schäbig benahm, so hat man neben dem Mißerfolg auch noch den Schaden zu tragen, den die eigene Person dabei nahm: Man ist ein elender Versager. Daher verwundert es nicht, daß die Deutschen, zumal die im Osten, sich dauernd über die von ihnen erlittenen seelischen Schäden beklagen. Diese Schäden sind vorhanden, nur haben sie andere Ursachen, als die Landsleute gern glauben möchten.

Das Resultat der Wiedervereinigung, bei welcher zwei einander nicht mögende Parteien sich erfolglos um des jeweils eigenen Vorteils willen verbanden, war also tiefe Verbitterung auf beiden Seiten, und es entstand eine Situation, in welcher die Trennung die einzige friedliche Lösung ist. Weil die Trennung nicht mehr möglich war, verschlimmerte sich der Haß und begann allmählich auch die Gewalt zu eskalieren.

*Der Spiegel* 39/1990 (24. September) in seiner Titelgeschichte *»Vereint aber fremd. Die ungleichen Deutschen«*:

»Können die Deutschen nach 40 Jahren getrennter Entwicklung wieder ein Volk werden? Die Unterschiede sind auffällig, die Besonderheiten groß. Die Brüder – und Schwestern – passen kaum zusammen. Die Ostdeutschen verhalten sich wie Deutsche zweiter Klasse – und werden auch so behandelt. [...] Jetzt ist die Witzlust im Westen angekommen, das Ergebnis ist bösartig: Es geht gegen die östlichen Brüder.

*Die Bundesregierung zahlt für jeden Trabi, der verschrottet wird, 1500 Mark. Aber nur mit Inhalt.*

Die Ossis, sagt der westliche Volksmund, sind sogar schlimmer als die Türken, gehören auf den allerletzten Platz der Sozialskala:

*Warten zwei DDRler bei Aldi 20 Meter vor der Kasse. Mosert der eine: ›Das ist ja wie früher bei uns. Zum Schlangestehen sind wir nun wirklich nicht rübergekommen.‹ Dreht sich vor ihnen ein Türke um und sagt streng: ›Wir euch nix gerufen‹.«*

*1992*

# Die Gespensterwelt der Ossis

## Über Geisterfahrer und Duckmäuser

*Klaus Bittermann*

Vierzig Jahre lang waren die Ossis die Vorzeige-kommunisten im östlichen Staatenbündnis. Anders als bei den Tschechen und Polen waren Klagen über ihre sozialistische Arbeitsmoral nicht zu vernehmen, und selbst den Luxus des vom Westen spöttisch belächelten Schlendrians leisteten sie sich nicht. Streiks wie in Polen wären undenkbar gewesen und riefen bei den Ossis heftige Ressentiments hervor. Daß die Polen ein faules Pack waren, wußten die Ossis schon immer, durch die Streiks war der für ihr Vorurteil gar nicht nötige Beweis endgültig erbracht. Statt Solidarität mit den Danziger Werftarbeitern zu üben, achteten sie darauf, daß sich der über die DDR führende Revolutionstourismus aus dem Westen in Grenzen hielt. Schließlich durfte man ja selbst auch nicht mehr nach Polen. Nicht, daß sich die Ossis darüber sonderlich aufgeregt hätten, aber in diesem Fall schien ihnen der Gleichheitsgrundsatz schon sinnvoll zu sein. Ihre Aversionen gegen die noch weiter drüben rühren vermutlich aus einer Zeit, in der die Polen noch als Untermenschen galten. Die Politik der DDR-Regierung kam den Ressentiments der Ossis entgegen, und dafür waren sie ihrer Führung, dafür waren sie Honecker und Ulbricht dankbar.

Auch sonst hatten die Ossis für die Freiheitsbestrebungen der sozialistischen Bruderländer kein Verständnis: Zwar waren sie 1968 beim Einmarsch der SU in Prag durch den Warschauer Pakt sowieso in die Pflicht genommen, aber auch ohne Militärbündnis hätten sich viele Ossis wahrscheinlich nicht zweimal bitten lassen, dem als Sozialismus mit menschlichem Antlitz getarnten Virus aus dem Westen den Garaus zu machen. Jedenfalls ist nicht bekannt, daß sich die Ossis zu Solidaritätsaktionen mit den aufmüpfigen Brudervölkern und den gemäßigten Reformpolitikern hinreißen ließen, ja nicht einmal zu einer der damals so beliebten und inflationären »Grußbotschaft an das Volk/die Arbeiter/die Streikenden« (zutreffendes bitte ankreuzen) reichte es. Solange die internationale Solidarität mit irgendwelchen unterdrückten Völkern irgendwo im afrikanischen Busch gepflegt wurde und nicht im eigenen Land, solange war man auch bereit, die endlosen Solidaritätserklärungen im *Neuen Deutschland* oder auf Parteiversammlungen auf sich niedertröpfeln zu lassen. Kamen dennoch Fremdarbeiter ins Land, waren sie den Ossis kaserniert am liebsten, murrten dann aber, daß die »Fidschis« und »Mossis«, wie die Ossis die Gastarbeiter aus Vietnam und Mosambik nannten, nur zum »Abgreifen« gekommen wären, plötzlich ihre innige Liebe zu den Ostprodukten entdeckend, über deren Qualität sie sonst nur maulten.

Infolgedessen bleibt der Ossi aus dieser Zeit als zuverlässiger Volksgenosse in Erinnerung, in einer immer etwas zu engen, über den Schwabbelbauch spannenden und auf Hochwasser stehenden Uniform in dezentem Mausgrau, die sich als verklemmte Geisteshaltung ebenso praktisch tragen ließ wie auf zahlreichen Staats- und Betriebsfeiern. Unvergeßlich auch der vom nagenden Neid säuerliche und miesepetrige Befehlston an der ehemaligen deutsch-deutschen Grenze, dieses unnachahmliche in der SED-Eintopfsprache geblaffte »Gännse fleisch den Goffäraum aufmachn« oder »Fahnse ma rächts ran«, mit dem sie die Westreisenden mit Vorliebe drangsalierten.

Aber obwohl sich die Direktiven der Staatsführung und die Mißgunst der Ossis nahtlos zur Deckung bringen ließen, kann man nicht behaupten, daß sich die Parteiführung unbeschränkter Beliebtheit bei den Ossis erfreute. Und wer die Jubelparaden bei den Aufmärschen zum ersten Mai dahingehend interpretiert, hat keine Ahnung von ihrer Psychologie. Was die Ossis ihrer Führung wirklich ankreideten, war, daß sie im Leistungsvergleich der Systeme hoffnungslos unterlegen waren. Was waren schon billige Mieten, kostenlose Krankenversorgung und Arbeitsplatzgarantie gegen ein schnelles Westauto? Später, als die Ossis es dann endlich hatten, setzten sie es an den nächsten Baum und jammerten über steigende Mieten, eine teure Krankenversicherung und Arbeitslosigkeit. Wie Kleinkinder, die für eine fixe Idee ihr ganzes Spielzeug in die Ecke pfeffern und darauf herumtrampeln, führten sie sich auf, und wie Kleinkinder flennten sie, als sich die fixe Idee tatsächlich als ziemlich wertlos herausstellte und mit dem Märchen vom dukatenscheißenden Esel nicht konkurrieren konnte.

Dabei geht es ihnen gar nicht so schlecht, wie neue Untersuchungen ergeben haben. 94 Prozent der ostdeutschen Haushalte können inzwischen den wichtigsten Fernbedienungs-Gebrauchsgegenstand im nußbaumfurnierten Wohnzimmer ihr eigen nennen: den Farbfernseher. Damit haben sie die westliche Quote um 5 Prozent überflügelt, oder, wie es in der Ostsprache korrekt heißen würde, »übererfüllt«. Auch in allen anderen unverzichtbaren Dingen des alltäglichen Schonbezuglebens haben die Ossis nachgerüstet. Aber allein die Vorstellung, es könnte ihnen schlechter gehen, bereitet den Ossis argen Kummer. Nirgendwo sonst ist das Denken im Konjunktiv so sensibel, dabei schmalzt und schleimt doch jetzt auch da drüben das Zukunftsangstbewältigungsduo Peter Alexander und Heintje aus der Flimmerkiste. Wozu haben die Ossis sonst eine Revolution gemacht, wenn nicht für diese kulturelle Bereicherung im rechteckigen Format der Geselligkeit?

Immer wieder wird der Vergleich zwischen dem Nationalsozialismus und der DDR bemüht, um deutlich zu machen, unter welcher unmenschlichen Diktatur die Ossis gelitten hatten. Vergeblich wird man jedoch nach den sechs Millionen Ermordeten fahnden, die man dem SED-Regime gerne unterschieben würde. Nicht mal ein paar richtige stalinistische Schauprozesse hatte es gegeben, an denen man sich heute delektieren könnte, obwohl die SED-Genossen immer als die Müsterschüler Stalins galten. Selbst in diesem Heimspiel hatte die DDR nur eine Posse zustandegebracht, die zwischen Harich und Janka dann noch einmal aufgewärmt wurde und außer ein überflüssiges Buch nichts hinterließ. Oder waren es zwei? Statt Terror, Krieg und Verwüstung mit sich zu bringen, war die DDR für seine Bewohner vielmehr eine Insel des Friedens, auch wenn es hinter den Kulissen etwas muffelte. Dennoch haben der Nationalsozialismus und die DDR etwas gemeinsam. Aber diese Gemeinsamkeit ist für die Ossis alles andere als schmeichelhaft, denn für sie trifft zu, was Hannah Arendt über die Deutschen zwischen 33 und 45 schrieb: »Es gab im Dritten Reich nur wenige Menschen, die die späteren Verbrechen des Regimes aus vollem Herzen bejahten, dafür aber eine große Zahl, die absolut bereit waren, sie dennoch auszuführen.«

Nur der Tatsache, daß die staatliche Repressionsmaschine der DDR mit internationalen Standards nicht Schritt halten konnte und der damit zu verzeichnende Erfolg geradezu harmlos war im Vergleich zur Einführung des Kapitalismus in den ehemaligen Ostblockländern, haben es die Ossis zu verdanken, daß sie gar nicht die Möglichkeit hatten, sich so aufzuführen, wie es die Deutschen unter Idealbedingungen offensichtlich gerne tun. Auch wenn die Ossis mit ihrer Regierung nie so recht zufrieden waren, behielten sie ihre Meinung lieber für sich. Dennoch waren sie bereit, »Pionier- und Spitzenleistungen im ökonomisch-kulturellen Leistungsvergleich« zu erbringen. Was immer diese »Pispilei im Ökulei« (so die korrekte Abkürzung im DDR-Sprachgebrauch) gewesen sein mögen (vielleicht sowas wie ein in den realsozialistischen Jargon übersetzter Voodoo-Zauber), die Ossis taten auf Geheiß der

Partei anscheinend sehr mysteriöse und obskure Dinge, die offensichtlich nur dazu da waren, um die Gefolgschaftstreue zu testen. Man könnte diese zwischen dezentem Murren und vorbehaltloser Pfadfinderbereitschaft schwankende Haltung als eine Art kritischen Opportunismus bezeichnen, nur daß sich die Kritik quasi ins innere Exil verflüchtigte und somit nur der Opportunismus übrigblieb, davon aber üppige Portionen.

Unter der Partei, die sich in den Alltag, in die Arbeit und die Familie einmischte und deshalb durchaus enervierend hätte sein können, haben die Ossis mitnichten gelitten. Wurden sie etwa dazu gezwungen, ihre Kinder in die FDJ zu schicken? Nicht mal mit Bananen brauchte man sie dazu zu ködern. Mußte man sie etwa in irgendwelche Betriebszellen prügeln? Keine Extra-Ration Schokolade wurde ihnen dafür in Aussicht gestellt. Waren sie auf ihre jungen Pionier-Pimpfe nicht mindestens so stolz wie die Deutschen auf ihre Hitler-Jugend? Aber sicher! Und so merkwürdige Gepflogenheiten wie die »Jugendweihe«, von der man auf Anhieb nicht weiß, ob sie der Epoche vor oder nach 45 entstammt, die man in jedem Fall für einen heidnischen Kult halten könnte, erfreuen sich bei den Ossis nach wie vor großer Beliebtheit.

Der mit Abstand beliebteste Verein jedoch mit dem größten Zulauf aus allen Altersschichten ohne Ansehen von Rang und Beruf war die Stasi. Folgt man den täglich neuen Enthüllungen über IMs, den auszugsweise veröffentlichten telephonbuchlangen Listen von Spitzeln, wird man den

Verdacht nicht los, daß die Objekte der Ausspähung in der hoffnungslosen Minderzahl waren. Da blieb es natürlich nicht aus, daß sich die Ossis gegenseitig bespitzelten, woraus man schließen muß, daß es sich dabei um eine Art Volkssport gehandelt haben muß, der als Dienst an der Allgemeinheit und nicht als ehrenrührige Tätigkeit verstanden wurde. Immer mehr stellt sich jedenfalls heraus, daß es kaum jemanden gegeben hat, der nicht ein bißchen mit der Stasi gekungelt und geschunkelt hatte.

Weil aber die massenhafte Erhebung von absolut unwichtigen Informationen genauso sinnlos ist wie jeder andere beliebige Volkssport, kann man dem mangelnden Unrechtsbewußtsein der Ossis sogar eine gewisse Plausibilität abgewinnen. Nichts Langweiligeres und so völlig ohne Belang als die in den Feuilletons breitgetretenen Verdächtigungen und aufgeblasenen Entlarvungen oder die als schwerverkäuflicher Ramsch auf den Buchmarkt geworfenen Spitzelberichte und Aktenvermerke. Daß mit diesen Einschläferungsmittel in der Öffentlichkeit nun herumgewedelt wird, ist höchstens peinlich, hat aber weder mit Schuld etwas zu tun, noch taugen sie als Beweis für ein verbrecherisches Regime. Wenn es den Ossis Spaß machte, sich gegenseitig in ihrer Intimsphäre zu beschnüffeln, dann mag das zwar in anderen Kulturkreisen etwas befremdlich erscheinen, nicht weniger befremdlich ist jedoch auch das voyeristische Interesse an diesem eher unappetitlichen Detail in der Psychologie der Ossis, von dem bezeichnenderweise die sich als DDR-Opposition mißverstehenden Ost-Dichter und Ost-Pastoren gar nicht genug kriegen können, jedenfalls solange keine Akte über sie selbst gefunden wird.

Über die Nachstellungen der Stasi beklagt sich am meisten die sogenannte Opposition, die diesen Namen deshalb kaum verdient, weil sie sich hinter den Rockschößen der Kirche verschanzte und ihre Kritik ungefähr den Coffeingehalt vom »Wort zum Sonntag« hatte. Mitleid mit dieser Sanso-Schmuseopposition, um die jedes andere Land froh gewesen wäre und die es schon für einen Widerstandsakt hielt, wenn sie einen Liederabend veranstaltete oder über die Methoden des sanften Gebärens plauderte, mußte man höchstens deswegen haben, weil ihre selbstgestrickte Lyrik, ihre zusammengeschusterten Klampfenstücke und ihr kryptisches Öko- und Friedensgefasel mit subversivem Gedankengut verwechselt wurde. Weil sie aber nicht bloß einfältig war, sondern vor allem ein Verein von Nervensägen, muß man zugeben, daß die Maßnahme Mielkes, einige von ihnen in den Westen abzuschieben, eine Wohltat für die geplagten Stasis gewesen sein dürfte, eine Tat außerdem, zu der man ihn nur beglückwünschen konnte. Denn Mielke durfte sich sogar die berechtigte Hoffnung machen, sich ihrer als Geheimwaffe gegen den westlichen Kulturbetrieb bedienen zu können, der seit der Wiedervereinigung durch die unerträglichen Laienprediger mit dem Verfolgtenbonus endgültig auf den Hund gekommen ist. Damals, als es noch nicht ganz zu spät war, wandte sich Wiglaf Droste mit der »Bitte um humanitäre Hilfe« an Erich Honecker, den abgeschobenen Stefan Krawczyk doch wieder zurückzunehmen. Vergebens. Die Rache des alten Politbürokaders ist fürchterlich; der durch die

DDR-Blindgänger angerichtete Flurschaden in der Medienlandschaft nicht mehr gutzumachen.

Die Stasi war also in einer gewissen Weise ziemlich durchtrieben und clever, was dem Bild vom stalinistischen Instrument ganz und gar nicht entspricht. Außerdem erfüllte sie für die Ossis einfach auch eine therapeutische Funktion. Drogentote, Rauschgiftsüchtige, Penner und Bettler verunzierten im Osten nicht das Straßenbild. Da mußte niemand im gesellschaftlichen Abseits stehen, da mußte niemand einsam und auf sich selbst zurückgeworfen sein, dafür gab es mitfühlende und aufmerksam zuhörende Führungsoffiziere, die als Seelenklempner mit der westlichen Kummerkastenrubrik »Fragen Sie Frau Irene« aufs heftigste konkurrierten. »Die Stasi hat mir Wurzeln gegeben, hat mir Geborgenheit vermittelt. Ich konnte Tag und Nacht anrufen, Detlev hatte immer für mich Zeit.« Wer wollte der hilfsbedürftigen Seele von Monika, von der diese rührseligen Zeilen stammen, oder der herzensguten von Detlev, dem Ostmodell einer Avonberaterin, ernsthaft böse sein?

Im Gegensatz zu dem von Hast, Konkurrenz und Zeit ist Geld getriebenen Wessi, so hieß die frohe Botschaft hinter Monikas zerknirschtem Bekenntnis, nahmen sich die Ossis Zeit füreinander, standen sich mit Rat und Tat zur Seite, spendeten sich Trost und Hoffnung, lauschten, horchten, brabbelten und salbaderten. Noch heute glauben die Ossis daran, daß ihre Welt »rein zwischenmenschlich gesehen« eine Art verlorenes Paradies gegenseitiger Hilfe und Kommunikationsfreude gewesen sei. Bei vorurteilsloser Betrachtung muß man jedoch feststellen, daß ihr

Alltag schon immer von blankem Neid und spießigem Ressentiment geprägt war. Nichtsdestoweniger glauben die Ossis tatsächlich, an sich eine humane Eigenschaft entdeckt zu haben, dessen Verlust bei ihnen heute Sehnsüchte nach der guten alten Zeit weckt, aber in der sentimentalen Verklärung der Vergangenheit leugnen sie die Voraussetzung, die zum Bespitzeln als Volkssport führte, nämlich daß man den anderen nicht leiden konnte, weil man in ihm die eigene Schäbigkeit wiedererkannte.

Nun würden die Ossis gegen solche Unterstellungen aufs heftigste protestieren und zur Widerlegung der These von der symbiotischen Beziehung zwischen Stasis und Ossis würden sie sogar die Statistik aus dem Hause Gauck auf ihrer Seite haben, derzufolge »nur« 150.000 DDR-Bürger »als IMs bei der Staatssicherheit gewirkt« hätten. Aber selbst die Richtigkeit einer solchen Zahl vorausgesetzt, denn die Dunkelziffer ist bekanntlich immer um einiges höher, ganz zu schweigen von den ganz normalen Angestellten der wahrscheinlich größten Behörde auf deutschem Boden, schneiden die Ossis deshalb noch lange nicht besser ab. Spätestens nach Hoyerswerda und Rostock müßte sich jeder Mensch mit einem halbwegs intakten moralischen Empfinden fragen, ob die Stasi nicht vielleicht doch eine nützliche Einrichtung war, denn immerhin sind unter ihrem wachsamen Auge 40 Jahre lang derartige Pogrome nicht vorgekommen. Und wirklich beschleicht den Beobachter angesichts der dosenbierausdünstenden, aufgeschwemmten, von Jogginganzügen unzulänglich verhüllten, deformierten Fettmassen mit den signalroten Alkoholbir-

nen das Gefühl, daß die Stasi gar nicht so übel
war. Schon aus rein ästhetischen Gründen hat sie
sich zweifelsfrei Verdienste erworben, als sie diese Ossis unter Verschluß hielt. Und auch Heiner
Müllers Antwort auf die Stasivorwürfe hätte
dann durchaus etwas für sich, jedenfalls wäre
nicht auszuschließen, daß die Staatssicherheit die
einzige intelligente Adresse in der DDR gewesen
war, mit der man reden konnte. Die Stasi also als
intellektueller Debattierclub oder als soziales Unternehmen, das die Ossis erfolgreich an der Ver-
wirklichung ihrer geheimen Wünsche gehindert
hat? Will das jemand? Nein? Dann muß er auch
in den sauren Apfel beißen, denn dann ist der
Verdacht von der friedlichen Koexistenz von Stasis und Ossis nicht mehr von der Hand zu weisen.
»Millionen Deutsche litten unter der Stasi, diesem orwellhaften System der Überwachung und
Einschüchterung – und leiden noch immer unter
den Folgen«, heißt es und man braucht kein Hell-
seher zu sein, um zu wissen, daß die Ossis dieses
überall herumposaunte Märchen von den bösen
Räubern mit den Deutschen in der Rolle von Hän-
sel und Gretel für die lautere Wahrheit halten
und sofort mit einem Meineid bezeugen würden.
Dabei weiß man doch spätestens nach der Veröf-
fentlichung der Memoiren Vera Wollenbergers,
daß sich die Ossis auch für eine Blumenkohlsup-
pe von der Stasi anwerben ließen. Und was heißt
schon »orwellhaftes System der Überwachung«,
wenn jeder weiß, daß die DDR dafür weder das
technologische know-how noch die High-Tech hatte, um die Ossis flächendeckend zu kontrollieren?
Mit dem primitiven, aus dem letzten Jahrhundert
stammenden Spitzelbericht in fünffacher Ausfer-

tigung läßt sich jedenfalls kein Orwellstaat machen, der inzwischen ja auch schon etwas antiquiert und angestaubt ist, und jeder Sicherheitsexperte im Westen würde über die rührenden Methoden der Stasi nur milde lächeln. Und überhaupt: Haben die Millionen leidenden Deutschen denn nicht sowieso alles getan, um der Regierung keinen Grund für Beanstandungen an ihrem Verhalten zu geben? Fragen über Fragen und keine vernünftige Antwort.

Als »Leibeigene einer internationalen kriminellen Vereinigung« sehen sich die Ossis, um aller Welt drastisch vor Augen zu führen, wie gemein, niederträchtig und hinterhältig die Stasi war, die sie sogar zu »Erfüllungsgehilfen dieser Bande« herabgewürdigt hat. Wenn diesen Worten einer gewissen Irene Böhme schon kein Gedanke zu entnehmen ist, so doch zumindest ein Hintergedanke. Die Milchmädchenrechnung in Ostwährung lautet, daß man als Sklave für seine Taten nicht verantwortlich ist. Daß eine kriminelle Vereinigung Sklaven produziert, also Wesen, denen angesichts der unmittelbar drohenden Todesstrafe nichts anderes übrigbleibt, als zu tun, was man von ihnen verlangt, ist einmalig in der bisherigen Geschichte und auch ein bißchen lächerlich, weiß man doch spätestens seit der RAF, daß eine solche Organisation geradezu auf selbständig handelnde Individuen, auf flexible, entscheidungsfreudige und starke Persönlichkeiten angewiesen ist. Die Ossis waren nicht einmal insofern Leibeigene, als sie sich deren Mentalität zu eigen gemacht hätten, denn aus einem stolzen »morituri te salutant« machten sie ein verdruckstes »Hoch auf unseren Genossen Staatsratsvorsitzenden«.

Unterstellt man der entschuldigungsheischen-
den Begründung vom verantwortungslosen Ossi
eine Logik, (was gar nicht so einfach ist, aber was
tut man nicht alles) dann sollte man meinen, daß
mit dem »Sturz des Honecker-Regimes« und seit
der Wiedervereinigung aus Knechten Citoyens
geworden sind, denen ihr Erfüllungsgehilfen-
dasein wie Schuppen vor den Augen gefallen ist.
Ein bißchen plötzlich vielleicht, aber seien wir
großzügig gegenüber den »lebendig eingemauer-
ten« Brüdern und Schwestern aus dem ehemaligen »DDR-Volksgefängnis«. Die abgepreßten
Schnüffeldienste als Stasibüttel müßten dem
neugebackenen Bürger aus dem Osten inzwischen so widerwärtig sein, daß es gar keine Frage
ist: für die nächsten drei Generationen sind die
Ossis für derartiges nicht mehr zu gebrauchen.
Aber während gerade mit heißer Nadel an der
neuesten Stasigreueltat gestrickt wird, die Druk-
kerfarbe der Zeugnisse von, aus und über IMs
noch nicht trocken ist, lassen sich die Ossis bereits für den nächsten Verein von Hilfssheriffs
anwerben, der dem Bundesgrenzschutz bei der
»Abwehr der Asylantenflut« an der Ostgrenze be-
hilflich sein soll, d.h. für eine paramilitärische
Organisation, die dem Ossi eigentlich ziemlich
bekannt vorkommen müßte. Und diesmal müssen
sie keinen Staatsfeind, der aus irgendwelchen
Schwertern Pflugscharen basteln wollte, beim
Entleeren der Mülltonne zugucken, sondern dürfen mit Radargeräten und Infrarot spielen, Menschen im Nahkampf ganz legal die Knochen brechen, zurück in die Oder schmeißen oder ein bißchen an ihnen herumkokeln, wofür sie in Hoyerswerda und Rostock schon mal üben durften.

Mit der beschaulichen und durchaus friedfertigen Stimmung, die eine Regierung und ein Volk, die perfekt zueinander passen, eben erzeugen, war es 1989 vorbei. Wie der Esel, der aufs Eis geht, wenn es ihm zu gut geht, waren die Ossis von einem unstillbaren Heißhunger nach Westware getrieben. Schuld daran war ihre Raffgier, die sich schon zu DDR-Zeiten im unentwegten Organisieren von Gegenständen herausgebildet hatte. Dabei drehte es sich bei diesem Spiel weniger darum, daß die Ossis etwas brauchen konnten, sondern darum, daß sie es besaßen – das Lieblingsspiel des analen Charakters. Im Vergleich der Systeme stellten sie fest, daß es im Westen noch viel mehr zu holen gab, die BRD mithin das Land war, das ihre unersättliche Sucht nach Plunder befriedigen konnte.

Deshalb flüchteten die Ossis massenhaft in die BRD-Botschaften von Budapest, Prag und Warschau und stellten die örtlichen Behörden vor erhebliche sanitäre und humanitäre Probleme. Ohne Not und Gefahr fürs eigene Leben führten die Ossis rücksichtslos gegen sich und andere unhaltbare und chaotische Zustände herbei. Im Gegensatz aber zur Tolerenz, mit der man den Wirtschaftsflüchtlingen in Prag begegnete, haben die Ossis für Flüchtlinge, die aus wirklichen Krisengebieten kommen und deren Leben tatsächlich auf dem Spiel steht, nichts übrig. Statt ihnen in Erinnerung an die am eigenen Leib erfahrene großzügige Behandlung unter die Arme zu greifen, gilt den Ossis ihr eigenes Verhalten in den BRD-Botschaften als Aufforderung, Unterkünfte von Asylbewerbern anzuzünden und Ausländer zu erschlagen.

Das Kleinliche, Stickige, Miefige der DDR-Zeit hatte sich Luft verschafft. Zunächst in einer Flucht, die der von einem sinkendem Schiff glich, nach dem Motto, rette sich wer kann, ganz gleich, wer dabei auf der Strecke bleibt, den letzten beißen eben die Hunde. Für die Stabilität der Psyche schien es nicht mehr auszureichen, sich gegenseitig und außerdem noch folgenlos bei der Stasi zu verpetzen, weil Elfriede mal wieder über das Waschpulver gemeckert hatte. 17.000 Familienväter suchten das Weite und überließen die verlassenen Frauen und Kinder ihrem Schicksal. Man hätte als unbeteiligter Beobachter den Eindruck gewinnen können, in der DDR wäre der Bürgerkrieg ausgebrochen, marodierende Banden und Killerkommandos auf ständiger Suche nach dem nächsten unschuldigen Zivilopfer, welches unter Hunger und Seuchen schon genug zu leiden hat, weshalb sich alle zivilisatorischen Mechanismen und familiären Bande in Auflösung befanden. Nichts dergleichen ließ sich beobachten, und wenn von Krieg überhaupt die Rede sein konnte, dann von dem Krieg in den Familien, der den westlichen Verwandten während ihrer Besuche als zutiefst quälend und deprimierend in Erinnerung ist.

Weil die DDR-Regierung, bekannt aus Film, Funk und Fernsehen für massenhaft begangene Greueltaten, die humane Größe besaß, die verantwortungslosen Ossis mit der Schlußverkaufsmentalität und dem Bananenhunger gehen zu lassen, durften sich die Zurückgebliebenen ermutigt fühlen, die erste friedliche Revolution auf deutschem Boden zu begehen, von der heute kaum jemand mehr etwas wissen will und die so peinlich ist wie früher die ganze DDR. Obwohl die Staats- und Parteiführung vor ihrer eigenen Politik kapitulierte und freiwillig das Feld räumte, hielten sich die Ossis ernsthaft für Freiheitskämpfer, die eine Regierung gestürzt hatten. Gegenüber diesem Aberglauben kann sogar eine gewagte These wie die, daß die Regierung von den duckmäuserischen und opportunistischen Ossis die Nase voll hatte und deshalb kampflos das Feld räumte, mehr Plausibilität für sich in Anspruch nehmen.

Sich selbst zum Befreiungshelden zu stilisieren, hieß, die Verhältnisse in der DDR als Willkürregime zu denunzieren, das die Menschen massenweise hinter Gitter sperrte und zu Dutzenden vor die Erschießungskommandos stellte, während die Ossis an dieser Diktatur doch selbst so fleißig mitgewirkt hatten, unter der man Karriere gemacht oder zumindest ein erträgliches Auskommen gefunden hatte.

Daß sie sich mit den Verhältnissen arrangierten, ist ein menschlicher Zug und ihnen nicht vorzuwerfen. Weil die Ossis aber den sozialistischen Arbeiter- und Bauernstaat nicht etwa durch passiven Widerstand mürbe machten, sondern sich nach Kräften bemühten, das Staatssicherheits- und andere Plansolls zu erfüllen, wird im nachhinein auch klar, warum der Sturm auf das MfS-Gebäude so harmlos verlief. Die Wut auf die »Zentrale des Terrors« hielt sich in Grenzen, weil diese für die Ossis viel mehr eine Arbeitsbeschaffungsmaßnahme bedeutete als ein Instrument der Unterdrükkung. Daß die ostdeutsche Variante vom Sturm auf die Bastille überhaupt stattfand, läßt sich aus dem Ärger darüber erklären, daß die einst so übermächtigen staatlichen Organe von selbst ihren Geist aufgegeben hatten, mithin die Einsicht, daß man Jahrzehnte lang auf einen Pappkameraden hereingefallen war, nicht gerade erhebende Gefühle hervorrief.

Sich als einen die SED-Diktatur furchtlos beiseitefegenden Revolutionär feiern zu lassen, aber bloß gegen Windmühlen gefochten zu haben, als politisch verfolgtes Opfer bedauert zu werden, aber nur den neuen Mittelklassewagen von Opel im Kopf zu haben, konnte nicht lange gut gehen. Selbst dem gutwilligsten Trottel im Westen wurde der Kaufrausch der Ossis schnell zuviel, und durch das massenhafte Einfallen in Westberlin und den grenznahen Bezirken waren sie obendrein zu einer schwer zu ertragenden Belästigung geworden. Die sogenannte Wiedersehensfreude nach vierzig Jahren Trennung hatte wenig mit der Liebe zum Nächsten zu tun, sondern mit der Liebe der Ossis zu Beate Uhse, Bananen und Aldi. Die Ossis zeigten sich ohne Scheu von ihrer ungemütlichen Seite. Es gab also keinen Grund, die Ossis zu mögen, weshalb dann auch die offiziellen Wiedervereinigungsfeiern ziemlich trostlos verliefen. Der Lack vom Freiheitskämpfer war ab, die Verwicklungen mit der Stasi wurden immer offensichtlicher. Der Ossi hatte sich als ziemlich jämmerliche Gestalt entpuppt.

Und er litt zunehmend an Realitätsverlust. Konnte er die Einheit zuerst nicht schnell genug bekommen, fühlt er sich jetzt von den Wessis überfahren und betrogen. Als bemitleidenswerte und arme Kreatur halten es die Ossis für selbstverständlich, daß die Wessis ihnen unter die Arme greifen. »Nicht über die Kosten aufregen, wir haben mit vielen Jahren verlorenen Lebens bezahlt« sagen sie und glauben allen Ernstes daran, daß ihnen der Westen eine Art Wiedergutmachung schulde. »Nicht immer ans Geld denken« halten sie den Wessis vor und denken selbst immer nur an das eine. Jede Mark, die nicht in den »Aufschwung Ost« fließt, halten sie für Verschwendung und eine ihnen unrechtmäßig vorenthaltene Unterhaltszahlung. Bitter beschweren sie sich darüber bei den Wessis: »Sie tun, als ob wir ihnen was wegnehmen, könnte ja eine Mark in der Lohntüte fehlen.« Selbst auf eine Mark in der Lohntüte zu verzichten zugunsten von Leuten, die noch weniger haben als sie, käme einem Ossi jedoch zu allerletzt in den Sinn.

Seitdem steckt ganz tief in ihm eine Verletzung, eine »Wut über die grobe Vereinahmung des Ostens durch die westdeutschen Sieger«. Das im Chor vorgetragene Lamento ist dabei so einfach gar nicht zu verstehen. Hinter der bedrohlichen Forderung nach Anschluß mit der Parole »Kommt die D-Mark, bleiben wir, kommt sie nicht, dann...« kroch unterwürfig die völlige Selbstpreisgabe hervor. Der so unter Druck stehenden BRD-Regierung blieb da gar nichts anderes übrig, als ihre Skrupel abzulegen und der Einladung der Ossis nachzukommen. Einer Regierung, der man solche Avancen macht, kann man später nicht vorwerfen, sie hätte sich unrechtmäßig an der Unschuld einer Bevölkerung vergriffen, selbst dann nicht, wenn sie in der DDR wie in einem Selbstbedienungsladen zugegriffen hätte. Aber in den Regalen herrschte bis auf ein paar Dosen mit radioaktivem Müll gähnende Leere, und in der einen oder anderen verstaubten Ecke stehen immer noch die vergammelten Betriebe, die die

Treuhand auf dem internationalen Kapitalmarkt seither wie Sauerbier anbietet.

Waren es früher nur Bohnenkaffee und Schokolade fordern die Ossis jetzt quengelnd und gebieterisch zugleich Milliardenzuschüsse für eine Investitionsruine. Dabei hätten die rudimentärsten Kenntnisse im Pflichtfach Politische Ökonomie auch etwas Minderbemittelten zur Einsicht verhelfen können, daß eine Wirtschaft, ganz gleich wie potent sie sein mag, nicht 16 Millionen trübe Tassen verkraften, genausowenig wie sie aus einer abbruchreifen eine international konkurrenzfähige Volkswirtschaft machen kann. Dennoch glaubten die Ossis nur zu gerne an die von Kohl versprochenen »blühenden Landschaften« im Osten Deutschlands. Während die Wirtschaft nun auch schon im Westen aus dem letzten Loch pfeift, sehen nur 21 Prozent der Ossis in den Milliardenzuschüssen für den Osten eine Gefährdung von Wirtschaft und Wohlstand im Westen. Dem Schlaraffenlandglauben, der die gegen ihre Führung angeblich so skeptischen Ossis ziemlich dumm aussehen läßt, denn selbst Honecker hatte nicht so dick aufgetragen, folgt nun ein Lehrstück in marxistischer Krisenökonomie.

Jahrelang wurde den Ossis in den DDR-Schulen eingetrichtert, wie verheerend sich der Kapitalismus auswirkt; im beliebten Westfernsehen wurden sie über die steigenden Arbeitslosenzahlen informiert, und nun können sie es nicht fassen, daß sie nicht etwa einer plumpen Propagandalüge aufgesessen waren, sondern die Marktwirtschaft tatsächlich so funktioniert, wie »Sudel-Ede« immer behauptet hatte. Aber statt wie angekündigt, der Regierung wegen der auslaufenden Beschäftigungsgarantie oder der Schließung ganzer Wirtschaftszweige einen heißen Sommer, Herbst oder Winter zu bereiten, gehen sie auf die Ausländer und Asylanten los.

Erzeugt hat die Wiedervereinigung inzwischen eine gespenstische Situation. Die selbstverschuldete Enttäuschung verschaffte sich im klassischen Mobverhalten Luft, denn statt den nur aus dem Geschichtsunterricht bekannten Klassenkampf mal auszuprobieren, was seit Einzug kapitalistischer Verhältnisse die erste sinnvolle Betätigung gewesen wäre, haben die Ossis nach einem Sündenbock gesucht und ihn schließlich auch gefunden. Am 7. April 1991 forderte der im Osten tobende Haß auf Ausländer sein erstes Opfer, als der Mosambikaner Jorge Gomondai in Dresden zusammengeschlagen und aus der Straßenbahn geworfen wurde. Hoyerswerda und Rostock waren seither nur die pogromartigen Höhepunkte, die Highlights eines nur schwer auseinanderzuhaltenden Einheitsbreis von Ossis und Rechtsradikalen, von übriggebliebenen Nazis, Parteispießern und jugendlichen Schlägern, eines Mobs auf Bündnissuche nach der Elite, die ihn nicht bloß vor der Öffentlichkeit in Schutz nimmt, nicht bloß entschuldigt, bedauert und als unschuldiges Opfer präsentiert, was die zu Posten und Ämtern gekommenen ehemaligen Pflugscharenoppositionellen seitdem ja auch tun, sondern die endlich seine Führung übernimmt, um seine ungezügelte Mordlust in geordnete Bahnen zu lenken.

Obwohl der Osten Deutschlands mal gerade soviel Ausländer hat wie Frankfurt am Main und

»Fremde« mit einer statistischen Wahrscheinlichkeit von nur einem Prozent auftauchen, glauben die Ossis ernsthaft daran, daß dieses eine Prozent den restlichen 99 Prozent Ossis Arbeitsplätze und Wohnungen wegnimmt. Auf die Idee, daß der Mangel an Arbeitsplätzen mit den Segnungen des westlichen Wohlfahrtsstaats zusammenhängt, kommen sie nicht, und ihre vergleichsweise komfortablen Plattenbauwohnungen würden sie auch nicht mit den abbruchreifen und überfüllten Unterkünften der Asylsuchenden tauschen.

Geheimnisvolle, gar überirdische Kräfte dichten sie dabei den Ausländern an, einen gigantischen Wohnungsverschleiß und eine sagenhafte Arbeitswut, werden aber nie müde, über die Faulheit der Ausländer zu schimpfen. Sagt der TV-gewordene Westspießer *Motzki* das gleiche von den Ossis, fühlen sie sich verunglimpft und sind schwer beleidigt. Dabei muß man ziemlich bescheuert sein, um die pädagogische Absicht der ARD-Serie nicht zu merken, die jede noch so spärlich gesäte Wahrheit in ein Vorurteil verbiegt, das den Ossi in Gestalt der pfiffigen Ost-Schwägerin Edith zum Sieger über das arme Würstchen aus dem Westen macht.

Verunreinigte Grünflächen gehen den Ossis schwer an die Nieren, auch wenn sie den Rasen noch nie in ihrem Leben betreten haben. Das dürfen nur Hunde, um ihr Geschäft zu erledigen, manchmal auch Kinder. Die unerträglichen sanitären Zustände steigern ihr Herzinfarktrisiko, als ob sie wegen hygienischer Probleme mit ihren eigenen Toiletten besonders dazu verpflichtet seien, die Klos anderer zu inspizieren. Statt den Ausländern menschenwürdige Wohnmöglichkeiten zu gewähren, wie sie den Ossis nach ihrer Flucht aus der DDR zugebilligt wurden, vertreiben sie die Ausländer erfolgreich aus ihren Städten und Gemeinden.

Verfolgten aus den ehemals sozialistischen Bruderländern, wie den Sinti und Roma aus Rumänien, wollen sie kein Asyl gewähren, hielten sich aber selbst einmal für Verfolgte und nahmen als tatsächliche Scheinasylanten das ihnen überhaupt nicht zustehende Recht wie selbstverständlich in Anspruch. Als Wirtschaftsflüchtlinge beschimpfen sie die Opfer von Regimen, über deren repressive Machart die Ossis doch am besten Bescheid wissen müßten, und gaben selbst das beste Beispiel für einen Wirtschaftsflüchtling ab.

Ein Vorzeigeossi mit Filzwolle im Gesicht, wie Thierse, behauptet, daß sich seine Stammesgenossen nur langsam und vorsichtig an die Fremden gewöhnen könnten, ohne zu berücksichtigen, daß man umgekehrt die Ossis sehr plötzlich und unvorbereitet am Hals hatte, ohne psychologische Betreuung.

Es gebe keine »rechtlichen, politischen oder humanitären Gründe«, sagte der ehemalige Innenminister Mecklenburg-Vorpommerns Lothar Kupfer, den als Vertragsarbeitern angeworbenen Vietnamesen ein generelles Bleiberecht einzuräumen. Bedauerlich auch, daß man »die nicht alle einsperren könne, leider«. Nicht deswegen mußte Kupfer zurücktreten, nicht einmal eine Anzeige wegen Volksverhetzung bekam er, sondern den Beifall der Ossis, denen er ruhig noch etwas radikaler hätte sein können.

Als »Störfaktor in den zwischenmenschlichen Beziehungen« gelten dem Ossi die Ausländer, während er nichts dabei fand, Familie und Freunde bei der nächsten Stasidienststelle zu verpfeifen.

Als »Umweltverschmutzer« werden Ausländer in einem Land bezeichnet, in dem es gar nichts mehr zu verschmutzen gibt und durch das man am besten mit Vollgas und geschlossenen Fenstern fährt.

Weil Asylbewerber in den Augen der Ossis unberechtigterweise Sozialhilfe beziehen, halten sie es für legitim, diese zu malträtieren. Betrug schreien sie, während sie beim Begrüßungsgeld kräftig zugelangt haben und ihnen bei der Währungsunion das Zehnfache ihres Spielgeldes in den Rachen gestopft wurde.

Schließlich würden sie die Ausländer nicht verstehen, weil die aus einem anderen Kulturkreis kommen, und gehen dabei wie selbstverständlich davon aus, daß man ihr genuscheltes Sächsisch für Hochdeutsch hält und ihre »ausländerreinen« Sitten und Gebräuche für ein verständliches Verhalten unter zivilisierten Völkern.

Ein anderer Vorzeigeossi wie Harald Ewert, der Mann mit dem Deutschlandhemd und der vollgepinkelten Jogginghose, dem der Arm zum Hitler-Gruß »ganz automatisch« hochgeht, aber der deshalb noch lange »kein Nazi« ist, verlangt, »die Ausländer sollen sich anständig benehmen«. Das sagt er, während ihm das Photo aus Lichtenhagen unter die Nase gehalten wird, das ihn auch im Ausland berühmt gemacht hat und das seitdem keinen Zweifel mehr darüber aufkommen läßt, was die Ossis unter »anständigem Benehmen« verstehen.

Für Opfer halten sie sich, die glauben zur Notwehr greifen zu müssen, und sind doch nur Täter von der schlimmsten Sorte, die vorsätzlich und aus niedrigen Beweggründen handeln.

Im Schein brennender Asylbewerberunterkünfte klatschen sie Beifall und bekunden anschließend ihre Angst vor den Ausländern *und* den Rechtsradikalen. Bisher wurde allerdings kein Fall bekannt, wo Ausländer Wohnungen der Ossis angegriffen und in Brand gesteckt hätten, weshalb ihre Angst nur einer Phobie entspringen kann, die vergleichbar mit der Angst der Deutschen vor den Juden ist und mit einer vermeintlichen Seuchen- und Ansteckungsgefahr zu tun hat.

Ist die Angst der Ossis vor den Ausländern schon merkwürdig, so ist ihre Angst vor den Neonazis auch nicht gerade leicht nachzuvollziehen, denn ihre bekundete Furcht vor den Schlägertruppen hat nichts mit der Sorge zu tun, sie selbst könnten ein Opfer rechtsradikaler Gewalt werden. Die Sorge der Ossis ist ganz anderer Natur: Ausländer, so sagen sie, würden die Rechtsextremisten anlocken und das gute Verhältnis belasten, das die Ossis zu den Neonazis haben. Wer also gedacht hat, die Angst der Ossis vor den Rechten ließe auf einen Gesinnungswandel schließen, sieht sich getäuscht. Der Unterschied besteht lediglich darin, daß die Ossis die Rechten nicht mehr bloß anfeuern, sondern selbst zur Tat schreiten und mit »Mitteln friedlichen Protests« verhindern wollen, daß Asylbewerber Aufnahme in den trostlosen Käffern finden, um die man auch ohne die netten Bewohner mit dem gesunden Volksempfinden einen weiten Bogen macht. In vorauseilendem Gehorsam haben sich die devoten Helferlein der Neonazis als freiwillige Feuerwehr gemeldet, um beim freudig erwarteten Einmarsch der Glatzen eine von Ausländern gesäuberte Stadt präsentieren zu können.

Um die Jagd auf Ausländer zu beenden, muß der Sumpf ausgetrocknet werden, in dem die Rechtsradikalen so prächtig gedeihen, d.h. es geht darum, den beifallklatschenden Mob kaltzustellen, indem man ihm seinen sehnlichsten Wunsch erfüllt, der sich logisch aus einem Vorurteil ergibt, das er sich über sich selbst macht. Da die Ossis nämlich überzeugt sind, daß sie schon immer über den Tisch gezogen, übervorteilt, betrogen und ausgenutzt worden sind, sollte man ihnen endlich die Gelegenheit geben, ein freies und selbstbestimmtes Leben in staatlicher Eigenregie in den Grenzen der ehemaligen DDR zu führen.

»Laßt uns auch mal allein entscheiden«, fordern sie, und diese Bitte sollte man ihnen erfüllen. Ein Vorschlag, der die in West & Ost gleichmaßen beliebten »verkrusteten Denkstrukturen« aufbricht und insofern eine wirklich unvoreingenommene Begutachtung verdient.

Die staatliche Teilung abzulehnen, macht vernünftigerweise nur Sinn, wenn den Westdeutschen dadurch Nachteile entstehen, seien es wirtschaftliche, politische oder kulturelle. Man würde sich lächerlich machen, wollte man behaupten, Lutz Rathenow, Gabriele Kachold, Friedrich Schorlemmer oder wie sie alle heißen, hätten zur »kulturellen Bereicherung« beigetragen oder überhaupt irgendwas Genießbares zu Papier gebracht. Nicht viel besser steht es um die wenigen

Alibipolitiker aus dem Osten, die sich den pastoralen Ton nicht abgewöhnen können und von jedem Rednerpult wie von einer Kanzel herabmenscheln. Und auch wirtschaftliche Vorteile entfallen, vielmehr erflehen Politiker und Wirtschaftsbosse wie Schamanen den Regen, der ihre zarten Hoffnungen auf eine Überwindung der wirtschaftlichen Flaute und der sozialen Verelendung begießen könnte, auf daß das Abenteuer mit den fünf demnächst ausländerfreien Bundesländern glimpflich ausgehen möge. Alles gute Gründe, die Altlast DDR möglichst schnell wieder abzustoßen.

Die Alternative wäre, der Verwahrlosung der Ossis tatenlos zuzusehen. Deshalb sollte man sich wenigstens aus wahltaktischen Gründen dem Wunsch eines großen Teils der westdeutschen Bevölkerung nach dem Wiederaufbau der Mauer nicht länger verschließen. Jetzt, wo die lange schöngeredete Krise da ist, Betriebe schließen und Mercedes gefährlich am Schlingern ist, das Bruttosozialprodukt und die Stahlkonzerne bedenklich schrumpfen, die Stabilität der D-Mark einknickt und sich die fünf braunen Gauländer als schwarzes Loch erweisen, in das Geld hineingepumpt wird, aus dem aber nur Rassismus herauskommt, wird jedes krampfhafte Festhalten an der staatlichen Einheit zu einem unkalkulierbaren Risiko, einem volkswirtschaftlichen Suizidversuch, dessen Gelingen mit jedem Tag wahrscheinlicher wird.

Stattdessen könnte man die ostdeutschen Gebietsaltlasten beispielsweise den Polen als Entschädigung für die im 2. Weltkrieg an ihnen begangenen Verbrechen übereignen. Zwar müßte man damit rechnen, daß Polen das Manöver durchschaut und dankend ablehnt, aber im Gegensatz zur hochtechnologisierten Bundesrepublik, für die die DDR ein großer Schrotthaufen ist, der nur Entsorgungsprobleme bereitet, würde in Polen die wirtschaftliche Sanierung sicherlich sanfter verlaufen. Die Ossis könnten außerdem Völkerverständigung üben. Bei den dann vorhandenen Mehrheitsverhältnissen im neuen polnischen Staat wäre jedenfalls nicht zu befürchten, daß die Ostdeutschen morden und brandschatzen, nicht nur weil sie sich diesmal nicht an den Schwächeren schadlos halten, sondern weil sie nicht mehr mit der großzügigen strafrechtlichen Behandlung rechnen könnten.

In jedem Fall hätte der Wiederaufbau der Mauer als antifaschistischer Schutzwall heute tatsächlich eine Funktion. In einem ausländerfreien Ostdeutschland könnten die Ossis dann nach Herzenslust übereinander herfallen und sich gegenseitig massakrieren. Niemand hätte dann etwas dagegen, wenn Kinkel für einen Blauhelmeinsatz in der neuen Krisenregion votieren würde. Daß sich dadurch der Konflikt erst ausweiten würde wie in Jugoslawien, steht jedenfalls nicht zu befürchten, denn wenn die Ossis etwas zu schätzen wissen, dann eine staatliche Autorität, wie sie ihnen entgegen aller Gerüchte aus vierzig Jahren SED-Herrschaft ans Herz gewachsen ist. Was ihnen an ihr nicht gepaßt hat, war die Sache mit den Bananen, aber das Problem sollte sich eigentlich lösen lassen. Die Versorgung der DDR mit dieser Frucht würde der Bundesrepublik jedenfalls billiger kommen als die gigantischen Hilfsprogramme Aufschwung Ost.

Wer die staatliche Zweiteilung trotz aller Vorzüge dennoch nicht mag und in den Ossis bloß bemitleidendswerte Opfer sieht, denen nur ein bißchen Aufklärung und Zuwendung fehlt, dessen missionarischer Eifer sollte nicht gebremst werden. Der kann dann ja nach drüben gehen und versuchen, sie von ihrer Meinung über sich selbst »Wir sind hier die Scheiße an der Wand« abzubringen. Nicht ganz leicht, wieder ganz von vorn anzufangen und sie mit den Errungenschaften der Zivilisation vertraut zu machen, z.B. daß es sich bei Exkrementen keinesfalls um Wandschmuck handelt, sondern um eine Absonderung, für deren Entsorgung es ganz bestimmte mit Wasserspülung versehene Vorrichtungen gibt.

In einer Ende 1992 erhobenen repräsentativen Umfrage unter Ossis zwischen 14 und 18 Jahren kam man u.a. zu folgenden Ergebnissen: 58 % sind der Überzeugung: »Die Wessis bescheißen die Ossis, wo sie nur können.« 54% haben Angst vor einer »Überschwemmung des Landes mit Ausländern«. 41% bekennen sich zur Parole »Deutschland den Deutschen – Ausländer raus!«, unwesentlich weniger finden, daß man die Ausländer »aufklatschen und raushauen« müßte. 75% der Befragten sind für den Frieden zwischen allen Völkern.

Götz Aly in der *taz* vom 15.1.93: »Während sich Politiker bemühen, die gewalttätigen Übergriffe und Mordanschläge gegen Ausländer als ›gesamtdeutsches Phänomen‹ einzuplanen, zeigt die Statistik deutliche und bedenkenswerte Differenzen. Nach den für die Bundesländer spezifizierten

Zahlen der Kölner Verfassungsschützer ist festzuhalten: In Ostdeutschland geschehen – pro 100.000 Einwohner gerechnet – weit mehr als doppelt so viele rassistische Verbrechen als im Westen der Republik (5,7 : 2,4). Da der Ausländeranteil dort 14mal höher liegt als im Osten, ist die Gefährdung für den einzelnen Fremden in Leipzig mindestens 30mal größer als in Hannover, in Rostock mindestens 100mal größer als in München.«

Warum wohl fallen mir die Ossis ein, wenn ich folgende Stelle aus *Elemente und Ursprünge totaler Herrschaft* von Hannah Arendt lese, in der sie den Prozeß der Barbarisierung bei den Buren beschreibt: »Entscheidend ist, daß diese neuen Abenteurer und Glücksritter nicht von ihrer Natur, sondern von den Ereignissen getrieben waren; leibhaftige Symbole für die menschliche Absurdität sozialer Institutionen und gleich flüchtigen Schatten, welche ein sehr realer Prozeß geworfen hatte, waren sie keine abenteuernden, ungewöhnlichen Individuen. Gerade dies machte sie besonders abstoßend. Wie Herr Kurtz in Conrads *Herz der Finsternis* waren sie ›durch und durch leer und hohl, leichtsinnig und weichlich, grausam und feige, voller Gier, aber ohne jede Kühnheit‹. Sie glaubten an nichts und waren so leichtgläubig, daß jeder sie dazu bringen konnte, ganz gleich was zu glauben. ... die einzigen Begabungen, die unter diesen Umständen gedeihen konnten, waren die des Demagogen, des ›Führers extremistischer Parteien‹, Ressentimentsbegabungen im weitesten Sinne ... so wie sie selbst nur flüchtigen Schatten der Ereignisse glichen, mit denen sie nichts zu tun gehabt hatten, so galt ihnen das Leben ihrer Mitmenschen ›nicht mehr als das einer Fliege‹. In ihnen war bereits jener moderne Sittenkodex für Mörder angelegt und ausgebildet, demzufolge es nur eine Sünde gibt: die Selbstbeherrschung zu verlieren.«

*1993*

# Deutscher als alle anderen

## Eine innige Feindschaft

*Fritz Tietz*

Als die Zonis 1989 zu Zigtausenden durch den porösen Schutzwall zu uns in den Westen strömten, da staunten wir nicht nur nicht schlecht, da waren wir durchaus auch etwas befremdet: über ihre kotelettgroßen Koteletten und ihre fiesen Frisuren, ebenso über ihre schaurigen Dialekte oder ihre abgrundtiefe Demut.

»Danke, danke,« stammelten sie andauernd oder »Wahnsinn!«, und stonewashed Zwanzigjährige schworen fortwährend Stone und Bein, daß sie vierzig Jahre lang nur betrogen und belogen worden seien.

Schon beim Anblick einer Banane fingen sie an zu weinen. Warf man ihnen spaßeshalber eine zu, begannen sie sich rottenweise drum zu prügeln. Ja, das waren seltsame Zeiten damals.

Auch wie sie sich um unsere halb aufgerauchten Kippen rangelten, um das Begrüßungsgeld bettelten und schafsnasig jeden sie auf Jahre knebelnden Versicherungsvertrag unterschrieben. Noch heute schwärmen Klinkenputzer und andere Drücker von den satten Geschäften damals. Ohne die zahllosen Abos, die sie seinerzeit den Zonis andrehten, wäre z. B. die *Zeit* heute pleite, die Buchclubidee längst nur noch eine von gestern.

Wir aber rieben uns angesichts dieser tumben Gestalten immer verwunderter die Augen. Das also sollten, wie man uns ja allen Ernstes weiszumachen versuchte, unsere Brüder und Schwestern sein? Diese ungläubigen Blicks die Auslagen von Bau- und Hobbymärkten durchschlurfende Masse Mensch? Dieses, den Kaufhallen auch noch den allerletzten Plunder aus den Regalen zerrende Gesindel? Dieser mit billigen Gummibäumen bzw. gummeligen Billigträumen und jedem nur denkbaren Klump und Lump bepackte und den öffentlichen Raum verstopfende Mob? Und für so was hatte man früher Kerzen in die Fenster gestellt.

Aber wir waren gutwillig damals, und gutgläubig leider auch, und also durchaus bereit, uns in Geduld zu üben und all dem Ostischen, das nun fortan über uns hereinbrechen sollte, mit Nachsicht und Neugier zu begegnen. Wie man eben nachsichtig und neugierig ist, wenn plötzlich ein seltsames Pappauto vorgefahren kommt und ein sächselnder Volltrottel aussteigt, um zu erklären, er sei der so lang verschollen geglaubte liebe Verwandte aus der DDR, der sich sehr darauf freue, endlich seine Familie und anschließend die Sex-Shops der Stadt kennenzulernen. Dem schlägt man ja nicht gleich auf den Kopf, sondern lädt ihn höflich ein, bietet ihm zu essen, zu trinken und zu onanieren an, läßt sich dann allerlei Schau- und Trauriges von drüben bzw. (was in seinem Fall allerdings häufig dasselbe ist) einen vom Pferd erzählen und schickt ihn selbstverständlich nicht eher wieder nach Hause, bis er die schon seit Jahren im Keller lagernden Müll- und Altkleidersäcke unter nicht enden wollenden Dankesbeteuerungen zur Ostverklappung in seinem Pappauto verstaut hat.

So ging das ein paar Monate. Dann waren unsere Sperrmüllkeller leergeräumt, die Mülltonnen gewissermaßen blank geschleckt. Und als es partout nichts mehr gab, was noch hätte abgezogen und geschnorrt werden können, ließen die Besuche aus dem Osten, die ja im Grunde Überfälle waren, allmählich nach, wurden schließlich (und wohl nicht zufällig zusammen mit dem bis dato gezahlten Begrüßungsgeld) ganz gestrichen.

Jetzt begann der Westen umgekehrt den Zonis auf die Pelle zu rücken und ihnen an die Penunze zu gehen. Schon kam es zu ersten Raubzügen westdeutscher Halunken in Gestalt der bereits erwähnten Drückerkolonnen und Versicherungsvertreter. Aber auch anderes und nicht weniger abzockendes Gewerbe wie das der Gebrauchtwagenhändler oder der Wurst- und Hähnchenbräter wurde angelockt wie die Stechmücke von der nackten Haut, ebenso die auch sonst unvermeidlichen Menschen-, Kollekte- und Stimmensammler, also das ganze westdeutsche Zuhälter-, Pfaffen- und Politikerpack.

Einzig die Banken, der Handel und die Industrien des Westens hielten sich noch vornehm zurück, überließen vorerst das neue Absatzgeläuf ihren vorgenannten Bodentruppen. Die sollten es ruhig beharken und weichklopfen. Für die ganz große Abgreife mußte sowieso erst noch die Währungsunion und die D-Mark her. Mit deren Einführung in der DDR entlarvte sich dann das Ostzonale endgültig als die volkgewordene Gier und Würdelosigkeit, die es zu »Intershop«- und »Päckchen nach drüben«-Zeiten schon war und offenbar immer sein wird. Vor den Geldausgabestellen in Ostdeutschland kam es jedenfalls zu völlig entrückten, eigentlich unbeschreiblichen Szenen. Da zogen sich Zonis die entwerteten DDR-Geldscheine in aller Öffentlichkeit durch den entblößten Schritt, während sie die frischen DM-Hunderter wie besinnungslos herzten, küßten, in sie hineinwichsten.

Wenn nicht längst geschehen, mußte man spätestens jetzt eine wie auch immer geartete Verwandtschaft mit diesen Leuten ernsthaft in Zweifel ziehen. Mit den immer tieferen Einblicken ins östliche Gefühls- und Geistesleben reifte dann über die nächsten Jahre diese endgültige Erkenntnis heran: Wenn überhaupt ist Deutschland West mit Deutschland Ost ungefähr so verbrüdert wie mit Österreich, Mexiko oder mit der Mongolei und um keinen Deut mehr, aber auch nicht weniger verschwistert als mit Holland, Peru oder Transsylvanien.

Eisern hält man jedoch an der Mär vom einig deutschen Volk und Vaterland fest, dengelt sie den Leuten jen- und dieseits der zwar nicht mehr ganz so sichtbaren, aber nach wie vor existenten Zonengrenze in die Köpfe; gleichwohl doch darin längst und meterhoch jene berühmte Mauer gewachsen ist, von der man ebenso eisern behauptet, sie würde allmählich überwunden, die aber tatsächlich sich um so höher auftürmt, je niedriger man sie redet.

Solange es drüben Orte gibt, die Zwickau, »Shopping-Center Königs Wusterhausen« oder »Silvio's Bräunungsstudio« heißen, und dort Menschen frei herumlaufen, die jeden, der nicht halb so bedöppert dreinschaut wie sie selbst, automatisch zusammenschlagen, wird diese Mauer jedenfalls eher wachsen denn fallen. Warum sollte man auch einreißen, was einen vor noch mehr Gunda Röstels oder manisch betriebener Nacktbaderei bewahrt, oder auch davor, daß Straßen, die eigentlich wegen Unbefahrbarkeit gesperrt gehören, den Rang von tempolimitfreien Autobahnen erhalten? Auch hat eine Region, in der Freiheit mit Höchstgeschwindigkeit verwechselt wird und ausschließlich der Krawall von RTL und mdr aus den TV-Geräten lärmt, einfach nichts anderes verdient, als hermetisch und meterhoch abgeriegelt zu werden.

Zugegeben: zwar sind diese Zonis auch bloß Deutsche, schließlich denken, sprechen, oder vielmehr, nölen sie ja deutsch. Und ästhetisch gesehen sind sie's sowieso: Deutsche. Aber obwohl sie so deutsch, wenn nicht sogar noch deutscher sind als alle anderen, liefern sie zugleich den schlagendsten Beweis für die Unmöglichkeit dessen, was man als die unverbrüchliche deutsche Nation oder Identität bezeichnet. Da mögen der Schäuble und seine Konsorten noch so bedenklich ihre Köpfchen wiegen oder anderen dieselben deswegen einschlagen. Aber deutsch und deutsch ist nun mal, und ganz anders als man das in Schäubles erweitertem Wendekreis so gerne hätte, keineswegs automatisch eine einheitliche deutsche Soße.

Kaum vierzig Jahre in zwei verschieden organisierten und dankenswerterweise konsequent voneinander getrennten Gesellschaftsformen genügten, um aus der angeblich ewigen wie einzigartigen deutschen Nation zwei in beinah allen Belangen höchst unterschiedlich tickende Bevölkerungsgruppen zu machen, die sich bei ihrer zwanghaften Zusammenführung immerhin noch zaghaft beschnuppernd befremdelten, inzwischen jedoch nurmehr wildfremd, wenn nicht sogar spinnefeind sind. Mitunter regiert der blanke Haß.

Wenn eine Feindschaft jemals für etwas gut war, dann diese. Anders nämlich und eindrucksvoller als durch sie wäre nie bewiesen worden, daß es eine auf Herkunft, Geschichte, Blut oder sonstige Körpersäfte sich gründende nationale Identität nicht gibt. Außer natürlich als Chimäre, als Einbildung oder auch als fadenscheinigen Grund für einen Angriffskrieg, wenn auch leider bloß gegen die BR Jugoslawien und nicht etwa gegen die Stadt Magdeburg oder die sog. national befreiten Zonen in Mecklen- oder Brandenburg.

Zehn Jahre nach dem Fall der Mauer wird also immer klarer: weder gehört hier noch wächst da in Deutschland irgendwas zusammen. Die nationalistische Lehre vom ewigen und einigen deutschen Volk und Vaterland hat sich durch die Realität gründlich widerlegt. Nie waren Ost- und Westdeutschland auseinanderer.

*1999*

# Kleine Kulturgeschichte der Aversion

*Joseph von Westphalen*

Am Anfang war womöglich die Aversion? Mord, Krieg, Terror, Vertreibung all die bekannten Untaten sind Folgen der Aversion. Aversion kommt noch vor Aggression. Sie gilt als Keim das Bösen.

Dabei sind Aversionen nötig. Denn was wäre eine Welt, in der es so etwas gibt wie Wagneropern, ohne die dringend nötige Aversion gegen eben diese Musik mitsamt den bayerischen Ministerpräsidenten, die beim Defilieren vor Bayreuths Brüll- und Brunststätte den Kopf schräg halten vor lauter Wohlgefallen des Dabeiseins zwischen all den kotzlangen ofenrohrbeinverdekenden Abendkleidern.

Was wäre die Welt ohne unsere schönen Aversionen gegen verblödete Kritiker, die erbärmliche Kunstwerke loben. Aversion ist Voraussetzung zur klaren Sicht. Auch im Tierreich.

Die Ziege hat keine Lust auf den blöden Bock. Verständlich. Sie läßt den drängelnden Paarhufer abblitzen. Ihre Abneigung kränkt ihn. Wenn alles gut geht, macht er aus seinem Gemecker Ziegenbockpoesie und erlangt damit Ansehen. Und jetzt die Gefahr: Ist er zu blöd zum Sublimieren, hoppelt er nach Belgien und wird Zickleinschänder. Weil nicht alle Belgier pädophile Paarhufer sind, ist diese letzte Bemerkung rassistisch. Wenn sich eine Aversion pauschalierend gegen ein Volk oder gegen eine Volksgruppe richtet, spricht man von Rassismus. Rassismus gilt als das allerschlimmste Gift. Was auf der ökologischen Gefährlichkeitsskala das Plutonium ist, ist ideologisch gemessen der Rassismus. Während man vernünftigen Menschen die Notwendigkeit der Aversion noch auseinandersetzen kann, wird man Schwierigkeiten haben, ihnen den Rassismus als etwas Natürliches zu erläutern. Daran sind nun wirklich die Nazis schuld. Deswegen sollte man das, was sich noch immer rechtsradikal herumtummelt, zusammensammeln, in einen Kerker werfen und von rechtsradikalem Personal bewachen lassen, in der Hoffnung, daß sich dies Völkchen untereinander alle macht.

Bekanntlich gibt es im Osten besonders viele Rechtsradikale, womit wir endlich zum Thema gefunden haben: Denn eben diese Typen – ja, wir nennen die geplagten Städte beim Namen: aus Magdeburg, Rostock, Halle und wie hieß noch mal dieses Kaff da hinten am Arsch der Welt? Richtig, Hoyerswerda –, denen man allenfalls Freigang geben sollte, um sie in besonders authentischen Wagnerinszenierungen in Nibelungenchören mitgrölen zu lassen, in schwere germanische Ketten gelegt, eben diese Furunkel in Menschengestalt sind ein Grund für unsere Ossi-Aversion, wenn auch bei weitem nicht der einzige. Keiner will die Eiterbeulen ausquetschen, klar, das ist eklig. Also sinniert man vernünftig über die Bekämpfung des Ausschlags von Innen.

Das dauert natürlich. Nach wie vor kann ich der Ansicht nichts abgewinnen, nationale Gefühle seien etwas Natürliches, das Leugnen dieser Tatsache habe die bösen Buben an den rechten Rand getrieben, und wenn erst Deutschland wieder normal in seiner eigenen Mitte ruhe und ein gesundes Nationalgefühl entwickelt habe, werde die Magdeburger Beulenpest schon veröden und das deutsche Antlitz nicht mehr verunzieren.

Das aber möchte ich nicht erleben. Nationale Gefühle sind immer hysterisch. Ich will keine solche Therapie. Vielleicht hält die Verunstaltung des Teints deshalb so hartnäckig an, weil pauschale Aversion als nazinah gilt. Dabei war der Antisemitismus der Nazis keine Pauschal-Aversion. Die Nazis haßten und verfolgten jeden einzelnen Juden, sie führten penibel Listen nicht nur über die Menschen, die sie vernichtet hatten und vernichten wollten, sondern auch über die Dinge, die man ihnen weggenommen hatte. Zu so etwas Menschlichem wie dem Pauschalieren waren die akkuraten Nazischweine gar nicht in der Lage. Der Pauschalverächter hingegen ist latent reumütig und jederzeit bereit, seine Aversion einzuschränken und Typen lieb und nett zu finden, auch wenn sie aus Magdeburg oder Rostock kommen.

Doch aus Angst, Menschenverachtung vorgeworfen zu bekommen, hält man das johlende Gesocks vorsichtshalber für fehlgeleitete Jugendliche. Ich will aber nicht dauernd herumanalysieren und soziale Ursachenforschung betreiben. Das sollen die christlichen Streetworker tun, die werden dafür bezahlt. Es kann nicht schaden, auch mal laut und kräftig in den Osten hinüberzurufen: Solange ihr mit dem rechtsradikalem Geschmeiß nicht fertig werdet, bleibt ihr für uns Bürger zweiter Klasse, basta!

Sie haben was, was wir nicht haben. Sie haben ihre gottverdammte DDR-Geschichte, und das ist vergangenheitsbewältigungsmäßig ein traumhaftes Kapital. Aber was tun sie? Nichts! Sie jammern, schwärmen und dösen nostalgisch herum, streichen echtes Westgeld ein, was ihnen gegönnt sei, und beklagen die rauhen Sitten und das falsche Gold des Westens – eine kecke Reaktion auf unsere zwangssolidarische Spende. Sie sind vorlaut, und können sich im Ausland nicht benehmen, was den Vorteil hat, daß man sich als Deutscher im Ausland endlich einmal wieder seiner »Landsleute« genieren kann, wie man die Stammesgenossen in dem Fall nennt. Die Westdeutschen waren durch ihre manischen Urlaubsreisen ganz weltläufig und polyglott geworden und fielen schon gar nicht mehr peinlich auf. In den 80er Jahren waren Holländer, Briten, ja Franzosen und sogar Italiener gelegentlich schon deutscher, das heißt lauter und häßlicher als die Deutschen. Und natürlich die Belgier. Die Belgier hatten den Deutschen den Rang abgelaufen und galten als die abscheulichsten europäischen Touristen.

Dann endlich Vorhang auf. In den frühen 90er Jahren fielen Angehörige der russischen Mafia auf, die sich in Restaurants am Adriastrand über die ungewohnten Nudelgerichte und die mangelnden Russischkenntnisse italienischer Ober beschwerten. Seitdem den furchterregenden Gestalten aus Moskau und Nischni Nowgorod das

Geld ausgegangen ist und die Belgier sich so schämen, daß sie nicht mehr wirklich, sondern nur noch virtuell verreisen, hat dank der Zonis das schon verblaßte Bild vom ungeschlachten deutschen Krampfsack wieder Kontur angenommen.

Alles Äußerlichkeiten. Geschenkt. Wir wollen kein sächsisches Ächzen hören, sondern in eure Seele blicken, Brüder und Schwestern, zeigt her eure Wunden. Es wird Zeit. Zehn Jahre währt nun schon euer Wehklagen. Zehn Jahre nach 1945 gab es zwar auch in der westdeutschen Literatur noch keine großen Enthüllungsknüller, aber ihr müßt ja nun nicht ganz so lange warten wie wir hier in der Bundesrepublik, die wir die wirklich informative Nazi-Mitmacher-Autobiographie überhaupt nie geschrieben haben, weil offenbar Mitmachen und Sichselbstbeobachten sich ausschließen. Aber ganz so schlimm wie die zwölf Jahre Nazizeit waren eure vierzig Jahre DDR ja nun nicht. Also ran!

Aber was machen die Zonis mit ihrem unvergleichlichen Erfahrungskapital? Sie haben ein paar flotte Bücher geschrieben wie »Simple Stories« und »Helden wie wir« – aber wie peinlich das Leben in der DDR wirklich war, erfährt der Mensch aus dem Westen aus diesen Zeugnissen nicht. Trinkt man mit einem der Zonis, die sich unserer Pauschal-Aversion entziehen, ein paar Gläser zungelösenden Weins, erfährt man manchmal kurz vor dem Umkippen etwas Zuherzengehendes vom trüben Drangsal ihrer vergangenen Jahrzehnte – dann schweigen sie wieder auf diese unvergleichlich verdruckste Ossiart: trotzig grinsend, in sich hineinwissend.

Eine unausstehliche Manier, eine Unart, die man auch bei Finnen, Schotten, Dänen, ja Basken und natürlich Belgiern beobachten kann. Die Ossis erst haben der Welt eine Bezeichnung für jenes schwer zu benennende Verhalten geschenkt, für jenes Hervorkehren einer wichtigtuerischen Undurchschaubarkeit verbunden mit andeutungsweisem Raunen und plötzlichem Verstummen – als wäre es nie und nimmer möglich, das, was das Innerste der Schotten- oder Basken- oder Finnen- oder Ex-DDR-Seele bewegt, einem Nichteingeweihten je erklären zu können. Seit Auflösung der DDR wissen wir: Selbst Südafrikaner, selbst Eingeborene aus Sumatra können ossiartig sein, das heißt auf eine Weise aus dem T-Shirt gucken als wüßten sie was und könnten es nicht sagen. In Wahrheit aber nichts als schlecht getarnte Denkarbeitsunlust und die Unfähigkeit aus Demütigungen Triumphe zu machen, indem man sie souverän beschreibt.

Klar, daß diese Ossiunart im Westen auch verbreitet ist, vor allem natürlich bei jenen intellektuellen Figuren, die das Pech hatten oder so blöd waren, ihren Fortschrittsglauben an einen Saftladen namens DDR zu koppeln. Während die maoistisch orientierten K-Gruppen in den 60er und 70er Jahren auf so weltfremd chinesische Art links waren, daß sie ihre weltrevolutionäre Hoffnungen rückblickend leicht als Spinnereien abtun können, schleichen die ehemaligen DKP-Linken, deren Aktivitäten zum Teil von der DDR finanziert wurden, mit ossihaft undurchschaubaren Hermann-Kant-Mienen umher und werden ihre interessanten Verstrickungen vermutlich noch weniger offenbaren als die Originalossis. Die Ge-

schichte des westdeutschen Schriftstellerver-
bands und seiner DDR-Verbindungen wäre ein
spannendes Buch, das vermutlich in fünfund-
zwanzig Jahren einmal von einem schottischen
oder kanadischen oder kamerunischen oder chi-
nesischen Germanisten verfaßt werden wird.

Mein Leben war so ossiarm. Keine Verwandten
drüben gehabt, seinerzeit. Nicht einmal Studien-
jahre an der FU in Westberlin mit Mauernähe.
Nur ab und zu diese Fahrten auf der Interzonen-
autobahn und dann das Sächsisch der Wichser an
der Grenze ertragen müssen, das in Westohren
zum repressiven Spaß-Dialekt schlechthin wurde.
Mitgliedschaft im Verband deutscher Schriftsteller wie die Pest gemieden, dadurch keinerlei Be-
rührungen mit schleimig sich ranwanzenden
DDR-Literaturkollegen, kein Vermissen von Weimar und Wartburg. Die DDR und ihre Bewohner
waren mir völlig fremd und weitgehend einerlei.
Vor vielen vielen Jahren, als Erich Honecker
noch lebte, als der Legende nach die Duftwolken
der Trabbis den Himmel über Mecklenburg-Vorpommern verdüsterten, als die Leipziger Bahn-
hofshalle noch von unzerstörter Größe war, als
man noch nicht so genau wußte, daß Millionen
von Ostdeutschen die Möglichkeit hatten, ihre
Selbstwertgefühle mit seltsamen Überwachungs-
tätigkeiten zu heben, als im Westen das *ZEIT-
magazin* noch in voller Blüte stand – 1987 muß es
gewesen sein –, da fragte mich die Redaktion
eben jenes Magazins, ob ich mir vorstellen könnte, einen deutsch-deutschen Briefwechsel über die
immerwährende Schicksalsgrenze hinweg mit ei-

ner Person aus der DDR zu führen, auf daß wenigstens im hortus conclusus der *ZEIT* ein ost- und ein westdeutsches Gemüt sich näher kämen. Und eben weil ich nichts von unseren Nachbarn wußte, weil ich wirklich zu erfahren hoffte, was die da drüben so umtreibt, ließ ich mich auf die Sache ein, die sich ein dreiviertel Jahr quälend hinzog, mir eine gewisse Publicity, aber wenig Erkenntniszuwachs einbrachte.

Die als gemäßigt regimekritisch geltende, aber von Regime doch geduldete Autorin Monika Maron war meine Briefpartnerin, von der ich anfangs wirklich wissen wollte, wie es sich so lebt in einem Saftladen namens DDR. Ich hatte rasch das Gefühl, daß sie meinen Fragen unentwegt auswich – und bis heute habe ich nicht herausbekommen, ob eben dieses pikierte Ausweichen, diese naseweise Verstocktheit typisch ossihaft ist oder ob es sich um eine regimeübergreifende Unart handelt. Es sind ja schließlich auch im niederträchtigen Westen, ich schätze mal, 95 Prozent der Leute, die sich einem verschließen. In einem US-Provinznest dürften es 99 Prozent sein, mit denen mir Kommunikation nicht möglich wäre.

Interessant war, das von wöchentlich etwa 200 Leserbriefschreibern etwa 80 Prozent meine Briefpartnerin vor meinen westlichen Witzen in Schutz nahmen. Der Mehrzahl der *ZEIT*-Abonnenten sprach Monika Maron also aus dem Herzen, woraus ich folgere, daß die Mehrzahl des deuschen Möchtegernbildungsbürgertums ossihaft ist, das heißt, verdruckst, leise empört, tuschelnd, verschlossen und beleidigt darüber, daß man die Tiefe des stillen Wassers nicht anerkennen will.

Einmal schrieb ich, um meine Ping-Pong-Partnerin etwas zu reizen, daß ich mich durchaus mit dem westlichen System arrangiert habe und daß ich fände, selbst Systemkritiker müßten sich aus Gründen der Logik in irgendeiner Form und bis zu einem gewissen Grad mit dem System arrangieren, um überhaupt existieren zu können. Ich kann mich noch an den kitschig verlogenen Schwall erinnern, den die pragmatischen Worte bei meiner Partnerin auslösten und mit dem sie mich belehrte: Der Künstler habe subversiv und Anarchist zu sein und Widerstand zu leisten, Arrangement sei das Ende! Wieder wußte ich nicht, ob ich dieses erboste Protestantenpathos typisch ossihaft finden sollte. Solchen Schwachsinn konnte man schließlich auch in bescheuerten Kunstkritiken in angesehenen westlichen Zeitungen lesen. Oder war die westdeutsche Kunstkritik damals vom Osten unterwandert? Alles rätselhaft.

Jahre später, nach der Liquidation der DDR, stellte sich heraus, daß ein Leben in der DDR für einen Autor natürlich ohne ein gewisses Arrangement gar nicht möglich war. Was soll's. Der Briefwechsel ist vergessen. Der Fischer Verlag hat ihn im Herbst 1988 als Buch herausgebracht, miserabel verkauft und dann auf irgendwie auch ossihafte Art vom Markt verschwinden lassen, was gut zu diesem Dokument paßt, das ich als Verleger zehn Jahre nach der Wende noch einmal als Taschenbuch angeboten hätte. Das heißt nur: die muffligen Schweiger, die elanlosen Abwarter, die zweideutigen Grinser, die Typen, die einen auf undurchschaubar machen, die ossihaften Nichtstuer eben gibt es überall, in Einwohnermeldeämtern wie in alten westdeutschen Verlagen – und vor allem in der Mongolei.

Ich wüßte gern, mit welchen Gefühlen Monika Maron an diesen Briefwechsel zurückdenkt. Nein. Ich wüßte es nicht gern. Ich würde es nicht verstehen. Ich selbst jedenfalls denke mit gemischten Gefühlen daran. Ich habe in meinen Briefen, soweit ich mich erinnere, meine Beißhemmung gegenüber den DDRlern thematisiert, die damals noch nicht zärtlich Ossis oder Zonis genannt wurden. Aber ich habe nicht nur selbstironisch über diese Beißhemmung geschrieben, ich hatte sie wirklich. Und eben das ärgert mich heute noch immer. Ich habe mich von der mauligmopsigen Zonentussi-Art meiner Briefpartnerin und den ihr zur Seite stehenden *ZEIT*-Leser-Hundertschaften davon abhalten lassen, das zu schreiben, was ich wirklich dachte. Einmal schrieb sie mir, sie habe auf einer endlich genehmigten Reise nach Zürich in München Station gemacht. In einem Lokal sei sie Zeugin geworden, wie sich der Kabarettist Gerhard Polt an einem Tisch mit anderen Gästen über die DDRler lustig machte. Abgestoßen von Polts Imitationskunst, teilte sie mir diese Beobachtung als Beweis für die Arroganz des Westens mit.

Und nun beginnt meine Schuld, die ich seit Jahren mit mir herumtrage und abzuarbeiten versuche: Ich Arsch ging auf diese verdammte verdruckste Zonentussiart ein. Ich beschwichtigte Madame und verteidigte Polt. Mit einer Behutsamkeit, für die ich mich nach mittlerweile 12 Jahren noch immer ohrfeigen könnte, erklärte ich lang und breit, daß Polt kein Rassist sei, daß er nichts gegen die armen eingesperrten DDRler habe, im Gegenteil, daß das Imitieren von DDRlern doch kein Denunzieren sei, sondern ein erkenntnisförderndes Mittel der Satire, wie auch das Imitieren von Leuten, die die überaus menschlichen DDRler für Untermenschen oder Menschen zweiter Klasse hielten und so weiter.

Anmaßend, verstockt, gekränkt – völlig ossihaft eben, war ich gemahnt worden für eine frevelhafte und vielsagende Verfehlung des Westens. Eine politische Unkorrektheit unter der Gürtellinie war von meiner wachsamen Partnerin aus dem Osten entdeckt worden, und ich war gezwungen, dazu Stellung zu nehmen. Und Schimpf und Schande über mich, daß ich der Frau aus dem Osten geduldig den Westen und seine Witze erklärte, als gälte es, eine mißtrauische Behörde zu besänftigen. Die verfluchte Beißhemmung war es, die mich abhielt zu schreiben: Aha, man war in einem schicken Lokal in München? Ich gratuliere der Elevin, daß sie Ausgang bekommen hat. Im übrigen finde ich, daß man sich über jedes Land und jedes Volk gar nicht genug lustig machen kann. Warum soll man die komischen Ostdeutschen ausnehmen. Was seid ihr denn für Mimosen da drüben! Ihr habt ja nun wirklich eine ganz besonders komische Art, den Mund zu halten und an einem vorbeizugucken. Sie können doch nicht abstreiten, daß man eine Gestalt aus der DDR schon auf eine Entfernung von 200 Metern an der säuerlichen Art erkennt, wie sie über die Straße geht.

*1999*

# Die Rache der Zonen-Zombies

## Eine Tirade

*Klaus Bittermann*

Der Ossi ist der unangenehme Zeitgenosse geblieben, der er schon immer war, eine ästhetische
Zumutung und ein verdruckster Typ, der schnell
und schwer beleidigt ist, sich vom Wessi übervorteilt, betrogen und reglementiert fühlt, während er absahnt, was an Milliarden abzusahnen
geht, die in irgendwelchen schwarzen Löchern
verschwinden, von denen es in der DDR nur so
wimmelt. Im übrigen schwärmt er von der guten
alten Zeit unter Erich, als eben alles noch besser
war und die Ostlimonadenmarken Club Cola und
Rotkäppchen sich noch nicht im westlichen Ver-
drängungswettbewerb behaupten mußten. Nach
zehn Jahren erhebt der Ossi immer frecher sein
häßliches Haupt, dabei jengelt und quengelt er,
was das Zeug hält. Aber statt abzuhauen und
woanders sein Glück zu suchen, klebt er einem an
den Hacken, weshalb der freie und geduldige
Westen sich wohl oder übel damit wird abfinden
müssen, daß er hereingelegt worden ist und daß
man die da drüben nicht mehr los wird, nicht mal

mehr umsonst an die Russen, denn die lassen sich inzwischen auch nicht mehr alles andrehen.

Es fällt schwer, sich vorzustellen, warum irgend jemand ihre unwirtlichen Landstriche und Wüsteneien besucht, aber die Bundesregierung führt einen zähen, wenn auch aussichtslosen Kampf, um die DDR zu zivilisieren. »Ostdeutsche müssen Demokratie lernen«, meinte Otto Schily in einem Interview mit dem *Tagesspiegel* (6.6.99), aber nach zehn Jahren vergeblicher Mühe, hört sich diese Forderung recht müde und wenig überzeugend an. Und wie lausiger Zweckoptimismus, wie mißlungene Propaganda gar sieht auch die Initiative Hertha Däubler-Gmelins aus, die sich »Bündnis für Demokratie, Toleranz und gegen Gewalt« nennt, auch wenn sich die Zonis mit diesem Wortmonster an die guten alten SED-Zeiten erinnert fühlen dürften. Aber das alles sind vergebliche Unterfangen, um nicht zugeben zu müssen, daß man längst alle Hoffnung hat fahren lassen und man die biologische Lösung des Problems für die aussichtsreichste hält, wenn der »gelernte DDR-Bürger«, als der sich der Zoni trotzig gerne selber bezichtigt, ausstirbt.
Der SPD-Bürgermeister von Wittenberg jedenfalls hat sich die Illusion, die Ossis seien demokratiefähig, abgeschminkt: »Daß alle Deutsche Ossis wären, das kann ich mir nun wirklich nicht wünschen. Dann hätte ich Angst um die Demokratie.« (*Spiegel* 38/98)
Dummerweise sind die in der Zone aufgewachsenen Kinder noch unangenehmer als ihre Eltern. Die verlegten sich auf's Murren und Dro-

hen, während sich ihr Widerstand in die hartgepolsterten Einheitssesselgarnituren verflüchtigte. Ihre Nachkommenschaft aber haben sie scharf wie Eierhandgranaten gemacht, indem sie ihnen von krummen Babybeinen an beibrachten, sich der Gruppe unterzuordnen, wie Brandenburgs Generalstaatsanwalt Erardo Rautenberg vermutet. Und in der Tat läßt sich schwer leugnen, daß die Ossis in der Kindererziehung insofern erfolgreich waren, als sie ihre Fremdenphobie eben so sicher wie bombenfest auf ihren Nachwuchs wie eine genetische Veranlagung übertrugen. Der Jugendamtsleiter in Magdeburg, Rainer Förster, erklärte: »Die Kinder setzen nur noch in die Tat um, was die Eltern formulieren.« (*Spiegel* 13/1998). Und auch der Rechtsextremismus-Experte und Beobachter der Ostszene Bernd Wagner schreibt über die perfekte Arbeitsteilung bei den Zonis: »Viele Übergriffe geschehen in dem Bewußtsein, nur auszuführen, was die Mehrheit der Leute denkt.«

In vielen ostdeutschen Städten ist die »national befreite Zone« inzwischen Wirklichkeit geworden, eine Art sozialer GAU, bei dem nur Zubetonieren hilft. In Magdeburg terrorisieren jugendliche »Glatzen« ein ganzes Stadtviertel: »Sie sind überall. In den Höfen, den Fluren, den Hauseingängen. Sie sind kaum älter als Anna (14), manche sogar noch jünger. Sie tragen Bomberjacken, kurze Haare, Stiefel. Ihnen gehört die Siedlung. Anna kennt sie, und früher war sie auch mal mit ihnen befreundet. Aber das ist lange vorbei, ›die‹ haben es jetzt auf sie abgesehen. Manchmal zischen sie nur ›Zecke verrecke‹ und ›wir kriegen dich‹.

Manchmal schubsen sie sie und treten ihr gegen das Schienbein, einmal haben sie ihr mit einem Messer das Gesicht zerkratzt. Und manchmal dreschen sie richtig zu. ›Man kann immer zusammengeschlagen werden‹, sagt Anna, ›auch wenn es nicht jeden Tag passiert.‹« (*stern* 17/98)

Nicht daß man in diesem Fall mit den Zonis, die sich untereinander fertig machen, großes Mitleid aufbringen müßte, aber interessant ist, daß die da drüben selbst die eigenen Stammesmitglieder quälen und drangsalieren, Leute, die den gleichen Stallgeruch aufweisen und mit der gleichen verwachsenen Kinnlade sprechen; und das zeigt das ganze Ausmaß der sozialen Verwahrlosung, die im Osten herrscht. Im Gegensatz zur völlig daneben liegenden Selbsteinschätzung der Zonis, die sich auf den familiären Zusammenhalt viel einbilden und über die Nestwärme ins Schwärmen geraten – »Wir sind ehrlicher, offener und herzlicher« –, herrschen Neid, Haß und Mißgunst in der Familie vor, in der der eigene Vater denunziert werden würde, gäbe es noch den alten Blockwart, die Gestapo oder die Stasi, die früher solche Anzeigen entgegengenommen haben.

»Es ist nicht viel von der DDR übrig geblieben. Die Gemeinschaft, sich untereinander zu helfen, ist nicht mehr da. Das merkt man an den eigenen Geschwistern« (*taz,* 12.8.99), gesteht denn auch Manuela Skubowsky ein, die in der DDR aufgewachsen, 1994 nach Bayern ausgewandert ist und sich dort eine Stelle als Notarsangestellte abgegriffen hat. Auf der anderen Seite gibt sie ein gutes Beispiel dafür ab, daß man sich vor der Sentimentalität der Ossis besser in acht nimmt, weil sie ihre Gemeinschaftsgefühle, die sie melancholisch befingern, schnell und gerne drangeben, wenn es ums eigene Fortkommen geht. Obwohl »Bad Liebenwerda in Brandenburg immer meine Heimat bleiben« wird und »obwohl ich viele Freunde im Osten aufgegeben habe«, hat Manuela Skubowsky ihre Entscheidung nie bereut.

Die, die den Absprung nicht geschafft haben, greifen nun zur Selbsthilfe, die in der Zone mal wieder nichts gutes bedeutet. Außerhalb des organisierten rechtsextremistischen Zonenmobs ist das Bündnis, das die Jungzonis eingehen, um kollektiv »ausländische«, »linke« oder sonstige »Zecken« »aufzumischen«, prekär und instabil. Aber kaum zerfällt eine Gruppe, bildet sich eine neue, die sich für den Außenstehenden von der alten durch nichts unterscheidet. Während sich eine traditionelle Gang noch durch ein gemeinsames Interesse auszeichnet, das auf die Partizipation gesellschaftlichen Reichtums hin orientiert ist, ist das Handeln der Zonis rein destruktiv und richtet sich in erster Linie gegen Schwache und Wehrlose, gegen Frauen, Schwangere, Körperbehinderte und Alte, wie z.B. gegen die nigerianische Frau eines Fußballprofis, der vom Chemnitzer Fußballclub verpflichtet worden war, ohne daß ihm jemand darüber aufgeklärt hätte, was ihn erwartet. Auch eine Methode, den Anteil der spärlich vorhandenen Ausländer aufzustocken, um sie dann der in der Zone üblichen Behandlung zu unterwerfen. Am 17. Januar 1998 wurde sie »in einem Supermarkt mit ausländerfeindlichen Sprüchen beschimpft, geschlagen und schließlich am Boden liegend gewürgt«, während »Kassierer und Kunden tatenlos zuschauten. Niemand half der Frau, niemand hinderte den Täter am Verlassen des Ladens.« (*stern* 17/98) In Greifswald war es ein 57-jähriger Obdachloser, der von vier Zonis ermordet wurde. Kein Wunder, daß sich von diesem Ort Deutschlands meistgesuchter Mörder Zurwehme angezogen fühlte, in dieses Milieu wollte er noch einmal eintauchen, bevor er verhaftet wurde.

Wie die kleine Aufzählung zeigt, haben die Umtriebe des rechten Zonenmobs eine andere Qualität bekommen. Weniger Großveranstaltungen und mehr Abenteuer an der nächsten Ecke. Jeder kann sich an diesem Spiel beteiligen und seinen Beitrag zu einem Klima leisten, das die Zone für jeden normalen Menschen unbewohnbar macht, denn die Ossis erweisen sich als unberechenbare Katastrophe, die über jeden hereinbrechen kann. Meldungen von einem ganz normalen Wochenende, vom ganz normalen Wahnsinn bei den Zonis: »Ein Mann bedroht eine Frau mit einem Knüppel, weil sie mit ihrem afrikanischen Mann und den gemeinsamen Kindern in ein Mehrfamilienhaus ziehen will. Skinheads schießen mit einer Schreckschußpistole auf eine besetzte Telefonzelle. Ein 19jähriger sieht vom Balkon aus einen Mann, der türkisch aussieht, geht auf die Straße und sticht ihn von hinten nieder.« (*Süddeutsche Zeitung*, 3./4./5. April 1999)

Daß es sich bloß um Einzelfälle handelt, die nichts über den Alltag in der Zone aussagen, behauptet höchstens noch die alte Zonenpresse, aber ernsthaft läßt sich das auch mit dem besten seelsorgerischen Willen nicht mehr behaupten. Sogar der evangelische Bischof von Berlin-Brandenburg, Wolfgang Huber, stellt resigniert fest, daß der

Rechtsextremismus »in manchen ostdeutschen Regionen zur dominierenden Jugendkultur« (*Spiegel* 13/98) wird, während Bernd Wagner schätzt, daß fast jeder dritte Jugendliche in den neuen Ländern eine rechtsextreme Orientierung aufweist. Die Phobie vor Ausländern, die angeblich das Land überschwemmen und einem die sowieso nicht vorhandenen Arbeitsplätze wegnehmen, spielt dabei eine um so größere Rolle in der Phantasie der Zonis, je weniger Fremde es in Wirklichkeit gibt. »Beinahe jede zweite bundesweit registrierte Gewalttat wurde 1997 in den neuen Ländern begangen. Angesichts des geringen Ausländeranteils, der in Ostdeutschland unter zwei Prozent liegt, ist das Risiko für Ausländer im Osten um ein vielfaches höher als im Westen, wo der Fremdenanteil über zehn Prozent liegt. Bezogen auf tausend Einwohner wurden in Ostdeutschland im vorigen Jahr dreimal so viele rassistische Straftaten registriert wie in Westdeutschland.« (*Spiegel* 13/98)

Daß in diesem Klima des primitiven Ressentiments ein Unrechtsbewußtsein nicht aufzuspüren ist, ist nicht schwer zu erraten und wird Tag für Tag aufs Neue belegt. Der Messerstecher, der einen Mann sein Werkzeug in den Rücken rammte, weil er ihn für einen Türken hielt, bedauerte lediglich, daß er kein zweites Messer dabei gehabt hätte, mit dem er noch einen Ausländer hätte »abstechen« können. Und als Magdeburger Zonis für »Ordnung« sorgen wollten und deshalb den 23jährigen Gordon fast zu Tote trampelten, so daß das Opfer mit schweren Kopfverletzungen nie wieder ein normales Leben wird führen können, da fragten sie bloß, »wann sie ihre Springerstiefel wiederbekämen, die die Polizei als Tatwaffen beschlagnahmt hatte.« (*stern* 17/98) Mittlerweile haben sie herausgefunden, daß nur der Promille-Gehalt im Blut stimmen muß, damit man für Mord nicht mehr als fünf Jahre bekommt. Also lassen sich die Zonis an ihren Treffpunkten und Clubs bis zur Halskrause vollaufen, bevor sie mit den Kumpeln losziehen, um Ausländer »platt zu machen«. Daß bis heute nicht noch mehr passierte, ist nur der Tatsache zu verdanken, daß die Wahrscheinlichkeit, einem Ausländer über den Weg zu laufen, ziemlich gering ist, weshalb es ja auch einer entsprechend großen kriminellen Energie bedarf, Ausländer aufzuspüren. Aber das ist nicht das Problem bei den Zonis, weil sie sowieso nichts anderes zu tun haben und es ihnen Spaß macht. Wenn in anderen Kulturen »cherchez la femme« eine beliebte Freizeitgestaltung ist, so heißt sie im Osten »cherchez les Ausländer«.

In Sachsen mußte die Soko Rex installiert werden, ein speziell gegen rechte Zonenschläger ausgebildetes Sonderkommando, was schon allein ein recht deutliches Indiz dafür ist, welche Dimensionen die blinde, aber auch die gezielte Gewaltanwendung erreicht haben muß. Aber auch wenn dies die einzige richtige und mögliche Antwort auf den Zonenmob ist, versucht man das Problem mit sozialarbeiterischer Zuwendung aus der Welt zu schaffen, d.h. man belohnt die rechtsextremen Zonis, indem man ihnen Jugendclubs zur Verfügung stellt, damit sie sich mental und juristisch besser auf die nächste Straftat vorbereiten können: »Im ›Treff 2‹ trinken rechtsradikale Jugendliche Bier und planen im Vollrausch die nächsten ›Maßnahmen‹ gegen ›die Linken‹.« (*BamS* vom

18.4.99) In kaum einer Stadt wurde mehr in sozialarbeiterischen Aktionismus investiert wie in Magdeburg: »Über 40 Freizeitheime und Clubs gibt es in der 250.000-Einwohner-Stadt, sogar ein alter Fischkutter wurde restauriert, um mit Problemjugendlichen auf der Ostsee zu schippern« (*Spiegel* 13/98), mit dem Ergebnis, daß Magdeburg zum »Synonym für Gewalt im Osten« (ebenda) avancierte.

Die Zonis nehmen die Bemühungen westlicher Fürsorge lächelnd zur Kenntnis, und es bereitet ihnen großes Vergnügen, daß jede Zuwendung an sie verschleuderte Energie bedeutet. Mit großem Verständnis reagieren sie auf die Straftaten ihres Nachwuchses, denn genau so wollte man es ja auch, als man dem imperialistischen Westen den Kampf ansagte. Im Osten stößt die Zoni-Avantgarde deshalb auf wenig Widerstand. Selbst die Meinungshoheit in den Schulen überläßt man den Kampfzonis, obwohl sie kaum in der Lage sind, eine Meinung zu formulieren. Aber daß der Holocaust gar nicht so schlimm war und Ausländer in »Ghettos« zusammengefaßt werden müßten, das kriegen sie noch hin, ohne befürchten zu müssen, auch nur mit dem kleinsten aufklärerischen Gedanken behelligt zu werden, denn die Lehrer haben vor der Stumpfheit ihrer Schüler längst kapituliert, abgesehen davon, daß ihre Zivilcourage nicht soweit geht, ein blaues Auge zu riskieren.


Brandenburg steht im Ausland und bei den Reiseveranstaltern nicht sonderlich hoch im Kurs, und auch die Westler machen mittlerweile einen großen Bogen um die märkischen Sandhaufen. 2,5

Millionen Mark zweigte die Regierung jährlich für ein Projekt namens »Tolerantes Brandenburg« ab, um die »Zivilcourage« zu fördern, also etwas, das man den Zonis erst lang und breit erklären müßte und das sie doch nie kapieren würden. Unter diesem Gesichtspunkt eine lächerliche Summe für ein derart gigantisches Unternehmen, die vermutlich ohne Wirkung in irgendwelchen Kanälen versickern wird.

Was man sich im Stolpe-Land bisher als Antwort auf den herumvagabundierenden Zonenmob einfallen ließ, hört sich dann auch äußerst abstrus an: »›Noteingang. Wir bieten Schutz und Informationen bei rassistischen und faschistischen Übergriffen‹, signalisiert ein schwarz-gelber Aufkleber in mehreren Sprachen. Seit dem vergangenen Sommer hängt der Sticker in verschiedenen brandenburgischen Städten an Rathaustüren, Schulen und Geschäften.« Zwar ist sich die studentische Initiative, die sich diesen von Frankreich und vom Westen abgekupferten und schon damals nicht besonders intelligenten Spruch einfallen ließ, darüber im klaren, daß die »Gewaltopfer« nur selten dazu kommen, sich in die markierten Orte zu flüchten, aber man hoffe, daß »ein Gegengewicht zu dem rechten Mainstream in vielen märkischen Kommunen« geschaffen werde und damit »am Selbstbewußtsein der rechten Szene« rüttle. (*taz*, 22.7.99)

So stellen sich die Guten im Lande den Rechtsextremismus vor, schmusig und aus Zucker, so daß er schon beim ersten zarten Nieselregen dahinschmilzt. Aber Leuten, die nichts dabei finden, mit dem entsprechenden Quantum Alkohol andere abzumurksen, werden von derlei tantenhaften Ermahnungen kaum zu beeindrucken sein. Statt also den lieben Studenten den väterlichen Rat zu geben, sich besser etwas Vernünftiges einfallen zu lassen als mit dieser Gesinnungsmasche, die niemandem wehtut, Geld zu verpulvern und anderen auf die Nerven zu gehen, bewies man in den Brandenburger Kommunen, daß man die läppischen Argumente der studentischen Aufkleberinitiative durch noch läppischere übertreffen kann.

In Bernau lehnte der Bürgermeister Hubert Handtke die Bitte der jungen Leute ab, den Aufkleber an öffentliche Gebäude anbringen zu dürfen: »Der Aufkleber suggeriere, daß die Behörden den ganzen Tag erreichbar seien und daß in den Rathäusern Leute säßen, die Gewaltopfer helfen könnten. Außerdem bewerte er Opfer rechter Gewalt höher als andere Gewaltopfer.« (*taz*, 22.7. 1999) Schöner wurde selten bestätigt, was immer abgestritten wird, nämlich daß in Behörden auch zu Öffnungszeiten nie jemand zu erreichen ist, und auch die Angst, man käme ständig in die unangenehme Situation, Leuten das Blut stillen zu müssen, ist sehr komisch und macht zugleich deutlich, daß man dem Zonenmob tatsächlich zutraut, die Leute zuhauf in die Behörden zu jagen, dort zusammenzuschlagen und die Opfer liegen zu lassen.


In den Zone jedenfalls fühlen sich die Neonazis wohl, sie ist ihr Mekka, ihr Schlaraffenland, ihr Paradies, denn dort sitzt ein dankbares Publikum, das einem geschulten Rechtsextremen bewundernd an den Lippen hängt, denn er sagt, was die Zonis denken, wie z.B. Manfred Roeder, der für die

NPD in Stralsund für den Bundestag kandidierte. In den verfolgten Ausländern sieht er »keine Menschen, sondern Halbaffen«, »Schmierereien auf Häuserwänden, so was habe es in der DDR nicht gegeben. ›Früher gab es die Freie Deutsche Jugend, jetzt gibt es freien Drogenhandel‹, sagt er«, und »wenn die NPD an die Macht komme, ›werden wir die 5000 überflüssigen Holocaust-Denkmäler wieder abreißen‹«, »er werde als erster die Spitzhacke schwingen« und: »Wir stehen moralisch und juristisch turmhoch über jedem anderen Volk. Wir können Wiedergutmachung verlangen.« (*Süddeutsche Zeitung*, 31.7.98) Da klatschen die Zonis und freuen sich über den netten Herrn, dessen Infostand von der Stralsunder Behörde anstandslos genehmigt wurde, ein Entgegenkommen, das Manfred Roeder aus dem Westen nicht gewohnt ist, weshalb er ihr ein dickes Lob ausspricht.

»Rechtsextrem zu sein, ist ›in‹ im Osten« titelte denn auch die *Süddeutsche Zeitung* vom 26.8.98. Auf Seite 1 stellte Annette Ramelsberger in einem aufschlußreichen Artikel fest, daß zwei Drittel aller Neonazis in den neuen Bundesländern leben: »Von den 2400 dem Verfassungsschutz bekannten Ultrarechten halten sich hier 62,1 Prozent auf – obwohl in den neuen Ländern nicht einmal ein Viertel der deutschen Bevölkerung wohnt. Auch von den bundesweit insgesamt 7400 gewaltbereiten Skinheads lebt knapp die Hälfte, 46,6 Prozent, im Osten. Das korrespondiert mit den Zahlen über fremdenfeindliche Übergriffe im Osten.« Dabei wurden in Mecklenburg-Vorpommern 1997 Ausländer 30mal öfter angegriffen als in Niedersachsen, in Brandenburg kam es zu 20mal mehr Übergriffen als in Bayern. Dem Bericht des Bundesamtes für Verfassungsschutzes zufolge gab es im Jahr 1997 in Mecklenburg je 100.000 Einwohner 3,14 ausländerfeindliche Gewalttaten, in Brandenburg 2,26, in Sachsen-Anhalt 1,61. Im Vergleich dazu liegt die Quote in den westlichen Bundesländern bei 0,11 bis 0,17.

Die Affinität der Zonis zu den rechten Parteien wurde jahrelang bagatellisiert, und auch heute finden sich nur sporadisch Berichte über die unverbrüchliche Freundschaft der Zonis zu den Rechten. Bei den Landtagswahlen in Sachsen-Anhalt hatten im April 1998 30 Prozent der Jungzonis der DVU ihr Vertrauen ausgesprochen. Die rechtsradikale Gesinnung der Zonis ist dabei keineswegs eine aus dem Westen importierte Seuche, sie ist auch keine Folge der sozialen Unsicherheit und des Arbeitsplatzverlustes nach der Wiedervereinigung. Wäre Hitler nicht Österreicher gewesen, wäre er aus der Zone gekommen. »Schon 1988 zählte das Ministerium für Staatssicherheit der DDR mehr als 1000 rechte Skinheads im Land. ›Das war nicht die Wende, was wir jetzt erleben, das war angelegt‹, sagt Verfassungsschützer Ruhlich. Wie damals stehen auch jetzt die meisten Rechtsextremisten in Lohn und Brot. Arbeitsplätze allein helfen deswegen kaum gegen rechtes Gedankengut. ›Wir müssen was anderes in die Köpfe reinbringen‹, sagt der Verfassungsschützer. ›Aber das dauert Jahre, bis man denen beigebracht hat, was Pluralismus und Minderheitenschutz bedeuten.‹« (*Süddeutsche Zeitung* vom 26.8.99) Wenn Jahre denn überhaupt reichen, ist doch bereits ein Jahrzehnt ins Land gezogen, ohne daß die Zonis diese Grundwerte der Demokratie begriffen hätten, die sie wahrscheinlich auch gar nicht begreifen wollen, weil sie aus dem imperialistischen Westen stammen und man als Zonis eigentlich doch ganz gut mit der Diktatur zurecht gekommen ist, zumindest mit der von ihr gewährleisteten Rundumversorgung.

Was sich der Westen mit den Zonis eingefangen hat, wurde vor allem auch auf einem Gebiet deutlich, auf dem man hierzulande immer führend war, auf dem des Fußballs. Die Erfolgsgeschichte des Westens ist lang und wurde von drei Weltmeistertiteln gekrönt, aber seitdem die Zonis mitmachen dürfen, ist aus der Fußballmacht Deutschland ein Fußballzwerg geworden, der sogar vom Fußballentwicklungsland USA vorgeführt wurde.
Nach dem Gewinn der für lange Zeit wohl letzten Weltmeisterschaft 1990 in Italien blökte Franz Bekenbauer euphorisiert und wie immer völlig ahnungslos, daß mit denen da drüben nunmehr Deutschland über Jahrzehnte hinaus nicht mehr zu schlagen sei. Diese Illusion hatte man sich schon nach dem Anschluß Österreichs gemacht, als es noch einen Matthias Sindelar gab und ein österreichisches »Wunderteam«, das die Deutschen mit 6:0 und 5:0 abfertigte. Hitler wollte streng paritätisch mit einer 50:50-Beteiligung (und das bei 11 Spielern!) 1938 den Weltmeistertitel einheimsen, um die Überlegenheit der deutschen Rasse zu beweisen. Aber man flog bereits in der ersten Runde gegen die mickrige Schweiz raus, obwohl der *Völkische Beobachter* (so etwas Ähnliches wie heute Franz Beckenbauer) den Erfolg mit Kraft durch Propaganda herbeibrüllen wollte. »60

Millionen Deutsche spielen in Paris«, titelte der von Fußballregeln weitgehend ahnungsfreie *Völkische Beobachter*, den Schweizern hingegen genügten elf Spieler. Heute weiß man, welche Folgen diese Blamage hatte.

Und weil sich laut Marx die Tragödien der Geschichte als Farce wiederholen, ging es auch seit dem Einzug der Zonis mit dem deutschen Fußball bergab. Die lange Zeit vorherrschende Fußballtheorie, nach der 22 Mann auf dem Platz stehen und am Ende die Deutschen gewinnen, gilt nicht mehr. Dafür haben die Zonis gesorgt, und auch an der Untergrabung der bislang gültigen antifaschistischen Fußballregel sind sie beteiligt, derzufolge auf deutschem Boden nie wieder einem Ball die Luft ausgehen darf.

Am übelsten jedoch sind die Zonen-Fans, und wenn Rostocker in eine westdeutsche Stadt einfallen, dann wird es in der Regel sehr unappetitlich, dann müssen sie von starken Polizeikräften direkt ins Stadion eskortiert werden. Ins Ostseestadion zu gehen, grenzt an Masochismus und läßt sich nur mit dem distanzierten Blick und dem wissenschaftlichen Interesse eines Ethnologen legitimieren, um rassistisches, soziales, Paarungs- und Sexualverhalten dieser Spezies zu erforschen. Einer der größten Schlägervereine, Dynamo Berlin, Mielkes Lieblingsverein, nach der Wende in FC Berlin umbenannt, wurde wieder zu Dynamo Berlin, und schon kurz darauf lagen dem in die Bedeutungslosigkeit abgerutschten Verein 150 Mitgliedsanträge vor. »Einer mit Glatze und Springerstiefeln kam persönlich vorbei und gab einen Brief dazu ab. Er schrieb, daß er geheult habe [als er erfuhr, daß es Dynamo wieder gibt], weil er schon als Kind immer zu Dynamo ›jeloofen‹ kam. Ein anderer verkauft jetzt samstags vor dem Stadion T-Shirts. Das Modell mit der Aufschrift ›BFC Dynamo – Rekordmeister der DDR‹ kostet 30 Mark. Und wenn ein Tor fällt, rufen die Leute: ›Diinahmoo‹. Und: ›Brüder, zur Sonne, zur Freiheit‹.« (*Spiegel* 13/99) So sind sie, die Zonis, brutal und sentimental.

Nein, in diesem autistischen Land will niemand freiwillig leben, weshalb Westler die sogenannte »Buschzulage« kriegen, um sie wenigstens etwas für die Unannehmlichkeiten zu entschädigen, die sie in der Zone erleiden müssen. Kein Wunder auch, daß Bücher über den Rechtsextremismus in der Zone wie z.B. Bernd Sieglers »Auferstanden aus Ruinen« in Japan auf ein reges Interesse stoßen, und zwar nicht nur bei jenen, die aus beruflichen Gründen sich darüber informieren müssen, welchen Gefahren sie in der Zone ausgesetzt sind. Verschlägt es dennoch ganz normale Menschen in den Osten, die nie im Traum daran dachten, etwas anderes sein zu wollen als beispielsweise Hausfrau, müssen sie sich auf einen Kulturschock gefaßt machen, der in irgendeinem albanischen Gebirgsdorf nicht schlimmer sein könnte.

So erging es Luise Endlich, die von Wuppertal nach Frankfurt/Oder umziehen mußte, weil ihr Mann dort eine Anstellung gefunden hatte. Frau Endlich ist nicht besonders anspruchsvoll, ihre Welt spielt sich zwischen Waschzwang und Vorhängegardinen ab, das ganz normale gesamtdeutsche Grauen also, in dem sich auch die Ossis wohlfühlen und das die beiden deutschen Stämme miteinander verbindet. Luise Endlich aber ist westliche Standards gewöhnt, weshalb sie schwer daran zu knabbern hatte, als sie bemerkte, daß die Zonenhandwerker ihr Handwerk nicht beherrschen, die Kellner immer noch so mufflig, maulfaul und gästefeindlich eingestellt sind wie früher, als es hieß, »Sie werden platziert«, daß die Küche in den Restaurants eine Katastrophe ist und die Zonis in ihrer Freizeit am liebsten in braunen Trainingsanzügen der NVA herumlaufen, wenn sie nicht gerade im Sommer die Ostseestrände bevölkern. Dort lassen sie die Hüllen ganz fallen und präsentieren aufdringlich und stolz der Öffentlichkeit ihre schrumpligen Würstchen, die unter einem glänzenden Schweinespeckbauch vor sich hin baumeln. Kann jemand den schwabbelnden Königsberger Klopsen und dem unappetitlichen Fleischgehänge nichts abgewinnen, wird er als Wessi entlarvt, der sich ins angestammte Revier der Zonis an die Ostseestrände drängt, während die da drüben es als das natürlichste auf der Welt empfinden, mit ihrem offenen Hängehintern schauzulaufen.

Luise Endlich ist keine Schriftstellerin, sie hat sich um die wolkigen Begriffe wie »innere Einheit« nie irgendwelche überflüssigen Gedanken gemacht, sie war auch nie am »Zusammenwachsen, was zusammengehört« interessiert, sondern hatte nur ihr eigenes kleines Wohlergehen im Auge, sie achtete auf die kleinen Dinge des Alltags, die das Leben angenehm oder eben auch nervenaufreibend machen können. Als ihr die Ossis genügend auf die Nerven gegangen waren, schrieb sie sich ihren Ärger von der Seele und faßte ihre Erfahrungen mit der Zone in »einfache Geschichten«. »Es sind alltägliche Begebenheiten, in denen sie von der Trägheit, der Verschlossenheit und den versteckten Feindseligkeiten des Ostens berichtet. (...) Als das Buch erscheint, tauchen Flugblätter auf, in denen die Autorin beschimpft wird. In der Buchhandlung von Frankfurt (Oder) wird es nicht verkauft, aber damit die Leute wissen, worüber sie sich aufregen, können sie in dem Laden ein Exemplar für zwei Tage ausleihen. In der *Märkischen Oderzeitung* schreibt ein Schriftsteller, ihm sei beim Lesen des Buches ›speiübel‹ geworden, wegen der ›Arroganz, mit der gelebtes Leben qualifiziert wird‹.« (*taz*, vom 1.8.99)

Nein, ihre Biographien, d.h. all das, was die Zonis als schlechte Angewohnheiten aus dem Sozialismus in die neue Zeit gerettet haben und als Beitrag zur Wiedervereinigung beisteuern, darf niemand schlecht machen, sonst werden sie mopsig. Dann läßt der Zoni die Westprodukte links liegen, womit der eigentliche Grund für die komische Revolutionsoper vor zehn Jahren wegfällt, als die Zonis ganz scharf auf die Westprodukte waren und die Verpackung von Jacobs-Krönung die Glasvitrine zierte.

Damit ist es jetzt Schluß, jetzt wird der Westramsch boykottiert. Wenn es beim Ossi zum handgreiflichen Widerstand nicht reicht, dann leistet er sich nostalgische Gefühle. Man weiß jetzt, wie richtiges Eis schmeckt, die Bananen kommen den Ossis zu den Ohren raus, und es hat sich inzwischen sogar herumgesprochen, daß man Kiwis nicht gießen muß. Ob die Stiftung Warentest ein Produkt für gut befunden hat, interessiert den Ossi nicht, er will wieder seine alten DDR-Produkte, und wenn er in der deutschen Diaspora sein Geld verdient, dann läßt er sich den Bautz'ner Senf und die Spreewalder Gurken eben wie früher als Päckchen nach driiieben zuschicken, diesmal bloß in die umgekehrte Richtung. Wehmütig vermißt der Zoni den Geruch des in Stasigebäuden benutzten Ostdesinfektionsmittels, und es ist ihm egal, ob er Kopfschmerzen davon bekommt, wenn er zuviel von dem klebrig-süßen Rotkäppchensekt pichelt, denn er trinkt auf die heile und schöne DDR, die er dadurch wieder auferstehen läßt.

Selbst die Serbische Bohnensuppe liegt ihm am Herzen, die, wie die *junge Welt* (am 26.3.99) mit reichlich Empörung feststellen mußte, aus Gründen der Verschwörung gegen die Ossis und ihrer Völkerfreundschaft mit den Serben aus den Regalen der Einkaufshallen verschwunden ist, wo sie doch besonders in Kriegszeiten gerne Serbische Bohnensuppe verputzen, um ihren Protest auszudrücken. Nur welchen? Eßt mehr Serbische Bohnensuppe gegen den Krieg, um die serbische Wirtschaft anzukurbeln? Seit wann aber ist Erasco eine serbische Firma? Oder will man gegen den Krieg anstinken? Wir wissen es nicht, aber: »Wir würden uns freuen, wenn *junge-Welt*-Leser (...) in ihrem Lebensmittelgeschäft nach ›Serbischer Bohnensuppe‹ fragen«, teilte die *junge Welt* ihren Lesern mit. Solidarität ist so einfach, man kann sie sogar essen.

Auch auf seine Komiker läßt der Zoni nichts kommen, und je schlechter ihre Witze, desto größerer Beliebtheit erfreuen sie sich heute, dann versammeln sich alle in der Wohnstube, wie damals, wenn »Zwischen Frühstück und Gänsebraten« lief, eine Sendung des nach Westen rübergemachten, aber mit den neuen Qualitätsmaßstäben nie zurechtkommenden Eberhard Cohrs, dessen trüber Klamauk den beschränkten Humorhorizont des Ossis geprägt hat. Cohrs ist mittlerweile verstorben, und die Ossis trauern um ihren großen Nuschelkönig. Mit Wehmut denken sie an die große Zeit von Eberhard Cohrs zurück, dessen legendärer Ruf als Widerständler sich u.a. von folgenden Witzen nährt, die die *FAZ* (19.8.99) in ihrem Nachruf dokumentiert hat: »Von einem Bühnenpartner als ›Halbstarker‹ angesprochen, konnte Eberhard Cohrs kontern: ›Du verwechselst mich wohl mit HO-Bohnenkaffee!‹ – und die DDR lachte. In einer anderen Szene, in der ihm der Fernsehkoch Partner war, konnte der ›kleene Eberhard‹ (1,56 groß) angesichts eines gewaltigen Hackmessers ausrufen: ›Das erinnert mich an die letzte Rede unseres BGL‹, also Betriebsgewerkschaftsleiters. ›Wieso, war die denn so scharf?‹ wurde zurückgefragt. ›Nee‹, antwortete Eberhard, ›aber genauso lang und breit‹.« Uff, bzw. oha oder auch oho! Ein Witz im Schlafrock und mit Sockenhaltern, prickelnd wie eingeschlafene Käsefüße und lecker wie die »Knusperflocken«, für die Cohrs 1996 Reklame machte.

Weil derlei vergessene Ostprodukte und andere DDR-Eigenarten in der 50-Jahre-Ausstellung »Einigkeit und Recht und Freiheit – Wege der Deutschen« in den Augen der Zonis nicht genügend gewürdigt wurden, meldeten sie sich zornig zu Wort. »Klischeehaft« wäre ihre DDR behandelt worden, als ob sie nicht tatsächlich, wenn nicht sogar noch schlimmer das zur Karikatur geronnene Klischee gewesen wäre und als ob die Ossis nicht heilfroh sein könnten, daß in dieser Jubiläumsausstellung die DDR unterrepräsentiert ist, daß also nicht noch mehr lächerliche und abstruse Dinge gezeigt wurden, mit denen sich die Zone schmückte, nicht noch mehr von der Kunst des realen Sozialismus, von den Plakaten zu den Parteitagen, den Modellen für den Ablauf der 1. Mai-Kundgebungen, den Fahnen »zum Ruhme der besten Betriebe im sozialistischen Wettbewerb«, dem »gekörnten« Waschmittel »spee color«, den Sitzelementen und Stehlampen, die in der BRD schon schrecklich genug waren, wobei alles zusammen immer nur eins dokumentiert: das Grauen des kleinkarierten, bürokratisch reglementierten, einengenden und völlig idiotischen DDR-Alltags, der genau die Zombies hervorbringen mußte, mit denen man sich heute herumschlagen muß.

Schon nach Ende des Zweiten Weltkriegs, bzw. schon lange vorher fing die Misere mit den Zonis an. Als Saul K. Padover in der Abteilung Psychologische Kriegsführung direkt hinter der amerikanischen Front Deutsche interviewte, um sich ein Bild von den Menschen zu machen, von denen niemand wußte, wie sie eigentlich ticken, da wurde er mit Eigenschaften konfrontiert, die in der Zone überlebt haben, wie z.B. »Hartherzigkeit« und daß sie »ständig klagten und jammerten und einander denunzierten. Anteilnahme war ihnen fremd«. Abgesehen jedoch von dieser in der geschlossenen Anstalt DDR überlebenden psychischen Disposition des Zonis, war damals schon ein Unterschied festzustellen. Im Westen wurden die Amerikaner als Befreier gefeiert, in Mitteldeutschland jedoch, dem späteren Osten und der damaligen Nazihochburg, »ging es anders zu als im Rheinland. Die Leute waren ausgesprochen feindselig. Überall starrten sie uns kalt und haßerfüllt an.« Nicht einmal die Russen, die den miesen Teil Deutschlands abbekamen, wollten in der Zone damals den Kommunismus einführen: »Solchen Schweinen den Kommunismus schenken?« fragte empört ein Genosse Oberst seinen amerikanischen Kollegen. »Wir haben ganz gewiß nicht die Absicht, diesen Leuten ein so nobles Ideal wie den Kommunismus zu bringen.« Heute weiß man, daß es besser gewesen wäre, hätte man damals auf den Genossen Oberst gehört, und daß die Zonis den Kommunismus völlig vermurkst haben und aus dem noblen Ideal eine Kleinbürgerdiktatur gemacht haben.

Auch der Kapitalismus paßt dem Zonen-Bewohner nicht mehr, seit es aus dem Geldhahn nicht mehr so munter plätschert wie am Anfang der Beziehung, und deshalb sägt er emsig und unermüdlich an den Grundfesten des Systems. Er ist damit ziemlich erfolgreich, und mehr als die gesamte Arbeiterbewegung es jemals vermochte, bringt er den Kapitalismus erheblich in die Bredouille.

Aber auch wenn der Zoni den Kapitalismus noch nicht zum Einsturz bringen konnte, seien Sie sicher, er arbeitet dran. Und er läßt nicht locker, denn der Zoni ist zäh. Das wäre ja mal eine gute Nachricht von denen da drüben. Aber was kommt danach? Das will man dann doch lieber nicht wissen. Gegen die Ossis muß man sogar den Kapitalismus verteidigen.

*1999*

# Deutschland und ich

**Dem glücklich vereinten Vaterlande
zu 20 Jahren Freiheit**


*Stefan Gärtner*


Als damals Erichs Schutzwall fiel
da war ich jung und dumm
und geil und deshalb imbezil.
Mein Fokus: untenrum.

Jetzt bin ich alt und angezählt.
Mir reicht mein Ehebett.
Und wenn mir was an Freiheit fehlt
setz ich mich aufs Klosett.

Dazwischen war's bald gut, bald schlecht
und häufig einerlei.
Was war, vergeht. Das ist mir recht.
Nun stört mich das Geschrei

von wegen: Hoch der großen Zeit
samt Rechtsstaat und VW!
Gelobt sei Deutschlands Einigkeit!
– Wenn ich nach hinten seh:

Was war mir dieses blöde Land?
Ich wuchs mit Not heran.

Wie's um den doofen Osten stand
ging mich da wenig an.

»Der Aufbau Ost braucht pipapo!«
Ich brauchte eine Frau.
»Die Einheit freut uns Deutsche so!«
Mich freite keine Sau.

Wenn Großdeutschland sich um sich riß
war ich mental nicht da.
Und weil privat politisch ist
pfiff ich auf sein Hurra.

Ich wurde groß und leidlich klug.
Das Land blieb klein und geil.
Ich buchte manchen Auslandsflug.
Der Osten blies Sieg Heil.

Ich lernte, wer und was mir frommt.
Das Land hat's nie gelernt.
Und wer ihm mit der Wahrheit kommt,
der wird aus ihm entfernt.

*Berliner Republik,* o weh.
Wir sind uns ganz schön fremd.
Der Krach aus *Zeit* und Juli Zeh
hat meine Lieb' gehemmt.

Dies Vaterland in Ost und West
ist Ochsen eine Weide.
Es trennt mich viel vom doofen Rest.
Nur pleite sind wir beide.

# Tag der deutschen Zweiheit

*Tobias Geigenmüller*

Am neunten ölften war ich gerade mal zwölf. Und das Aufregendste am Mauerfall war das Batman-Kissen, das mein Vater mir kaufte. Zwar sahen die vielen Menschen auf dem Ku'damm alle noch komischer aus, als sie dies in den 80ern eh schon taten, aber ich kannte die Ossis ja bereits aus dem Autofenster. Und als Westberliner Kindl war ich selbstverständlich auch mit den wichtigsten Eckdaten der DDR vertraut: Es gab keine Bananen und an der Grenze musste man freundlich sein, damit sie einem nicht den Wagen auseinander nehmen. Klar, dass die Ossis da mal zu uns wollten. Aber heute gibt es im Osten ja durchaus schöne Ecken. Zumindest im Osten Italiens. In Deutschland hingegen blühen die Landschaften in dieser Region leider so sehr, dass man sich kaum noch dort aufhalten kann. Viele bekommen selbst dann Probleme mit den Pollen, wenn sie gar nicht allergisch sind. Das lähmt natürlich den Tourismus. Da verbringen die meisten ihre Flitterwochen eben lieber in Venedig als in Bitterfeld. Obwohl es in den neuen Bundesländern so viel zu entdecken gäbe. Schon allein auf dem Kunstmarkt. Alle haben künstliche Nägel, künstliche Strähnen, künstliche Brüste – eigentlich ist jeder Ossi eine wandelnde Vernissage. Und früher geschahen dort manchmal sogar echte Wunder. Das muss man sich mal vorstellen. Ohne, dass jemals jemand die Absicht hatte, eine Mauer zu errichten, stand plötzlich eine da. Anscheinend haben sich da Unmengen von Zement verabredet und selbstständig entschieden, eine Mauer zu werden. Toll. Immerhin blieb dem Westen auf diese Weise lange Zeit Wolfgang Lippert erspart. Außerdem mussten die Eltern im Osten ihren Kindern keine teuren Atlanten kaufen. Brauchte man nicht. Die Welt endete ja eh an der nächsten Ecke. Dementsprechend sah man sich auch nicht immer zweimal im Leben, sondern immer fünftausendsiebenhundertdreiundachtzigmal. Aber leider ist dieses gemütliche Miteinander längst Geschichte. Denn auch für Ossis ist die Welt jetzt riesengroß. Und wenn sie heutzutage doch mal irgendwo endet, dann höchstens an irgendeinem Baum. Im Osten lebt man nämlich nicht nur auf der Überholspur – man stirbt auch da. Ich glaube, die Liebe zur Geschwindigkeit hat unterbewusst immer noch mit der Mauer zu tun. Man will einfach ganz schnell raus da. Dabei gab es im Osten früher so viele nette Bräuche. Unter Nachbarn passte man noch intensiv aufeinander auf. Tag und Nacht. Und man war unglaublich gelassen. Heute gehen die meisten ja schon auf die Barrikaden, wenn sie im Restaurant mal länger als zehn Minuten auf ihr Essen warten müssen. Damals im Osten wurde man frühestens nach achtzehn Jahren etwas hibbelig, wenn der neue »Wagen« noch nicht vor der Tür stand. Und im Supermarkt machte man immer nur eine Kasse auf.

Einfach, um die Menschen zu inspirieren. Mit Erfolg. Angeblich hat Udo Lindenberg den Song »Hinterm Horizont geht's weiter« aus Liebe zu einer ostdeutschen Warteschlange geschrieben. Oft war das Schlangenende ja nur per Satellit zu erkennen. Aber auch ansonsten war der Osten ein Paradebeispiel unerschöpflicher Lebensqualität. Zum Beispiel wusste man bei der Urlaubsplanung immer ganz genau, wann die Arbeitskollegen verreist sein würden. Nämlich nie. Das Leben war insgesamt viel einfacher als heute. Deswegen plädiere ich hiermit ausdrücklich für den Wiederaufbau unserer heiß geliebten Mauer. Im Großteil Ostdeutschlands dürfte das eh niemanden stören. Schließlich ist kaum noch jemand da. Zur Feier des Tages könnten wir ein gigantisches Wir-sind-das-Volksfest veranstalten, das wir live in den Rest der Welt übertragen lassen. Es gibt Abschiedsgeld für alle und David Hasselhoff darf auch diesmal wieder spielen. Zur Not können ihn ja Leute stützen. Und wenn die Bauarbeiter schnell genug sind, schaffen wir es vielleicht sogar, ein paar Dutzend Hintertupfinger im Prenzlauer Berg mit einzumauern. Sowieso bin ich dafür, den Osten diesmal nicht allein den Ossis zu überlassen. Dort könnten doch auch alle anderen Leute, die uns lästig werden, ganz wunderbar Platz finden. Zum Beispiel die Rentner. Und die Bankvorstände. Und Jürgen Drews. Die Rechtsradikalen sind ja glücklicherweise eh schon da. So lösen wir all unsere Probleme auf einen Schlag. Und zum Staatsoberhaupt machen wir einfach den berühmtesten Ossi, den es gibt: Ozzy Osbourne. Etwa ein Jahr nach der Schließung der Grenzen rufen wir zusätzlich einen neuen Feiertag ins Leben – den Tag der Deutschen Zweiheit. So hätten wir Grund zu feiern und die hiesigen Flüchtlinge in Zukunft endlich wieder Namen, die man aussprechen kann. Ronny, Zindy und Dschakkeline sind ja nun wirklich keine Zungenbrecher. Aber selbstverständlich schicken wir sie trotzdem wieder dorthin zurück, wo sie hergekommen sind. In das Land, in dem es nur eine Himmelsrichtung gibt. Zurück in Deutschlands Undemokratische Problemzone. Gut, vielleicht schauen wir manchen von ihnen mit ein bisschen Wehmut hinterher – aber das liegt dann mit Staatssicherheit nur an ihren prächtigen Arschgeweihen.

# Der Zonen-Witz

*Fritz Tietz*

Schon witzig, was es im Osten so alles gibt: eine
»Tagung Friedenspsychologie« zum Beispiel. Noch
witziger, womit sich die bis dahin neunte dieser
Tagung im Juni 1996 in Jena beschäftigte: mit
dem in Ostdeutschland vorherrschenden Mangel
an »frischer Witzware« nämlich. Ein Mangel, der
durchaus als Alarmzeichen für die fortschreiten-
de Entbrüderung zwischen Zonis und Westdeutschen gewertet wurde. Denn »wo kein Witz mehr
ist, hat sich die Situation erschöpft, beginnen Ab-
grenzung und Abschottung... Das gegeneinander
ist einem ignoranten Nebeneinander gewichen, es
findet keine Auseinandersetzung mehr statt.« Inzwischen würden die Ostdeutschen beim Umgang
mit Witzen vor allem durch die eigene »Verdros-
senheit angesichts nachhaltiger Wessi-Überlegen-
heit« geprägt.
  Um aufzuzeigen, wie gründlich den Zonis das
Lachen vergangen ist, unterzog sich der frieden-
spsychologische Kongreß einem Selbstversuch,
indem er nämlich seine 66 (und überwiegend ostdeutschen) Teilnehmer zu einem Wessiwitzwett-
bewerb aufrief, dessen Gewinner der hier wurde:
»Ossi sitzt allein in der Wüste – kommt Wessi

daher und sagt: Rutsch mal!« Mal abgesehen davon, daß es »Zoni sitzt, und das völlig zu Recht allein in der Wüste« heißen und der Wettbewerbssieger eher als ein weiteres, erschütterndes Dokument ostdeutscher Larmoyanz denn als Witz bezeichnet werden muß, handelte es sich hierbei, wie der Kongreß selbst konstatierte, um einen »Oldie mit Bart«, der bereits 1992 in der Zone »beschmunzelt« wurde. Somit fand der von den Friedenspsychologen apostrophierte aktuelle Notstand des ostdeutschen Witzes durchaus seine Bestätigung.

Nicht beantwortet wurde allerdings die Frage, ob es denn eigentlich jemals besser um den Zonen-Humor bestellt war. Mit »Unsere Dahlien-Schau – ein wuchtiger Schlag gegen die Bonner Kriegstreiber«, wie einst die Mitarbeiter der Erfurter Gartenbauausstellung iga auf einem 1.-Mai-Transparent formulierten, wurde in Jena zwar ein durchaus belachenswertes Beispiel aus DDR-Zeiten präsentiert. Da dies aber vom Kongreß eher als ein Beleg »für einen subversiv-oppositionellen Umgang von DDR-Bürgern mit Sprache« als für deren Witz beurteilt wurde, hält die Suche nach der ostzonalen Witzigkeit weiterhin an.

Bis dahin gilt, daß der ostdeutsche Witz selbst der eigentliche Witz ist. Sozusagen der Zonenwitz schlechthin, der zwar ebenfalls nicht mehr ganz frisch, aber immer noch als der gültigste von allen zu gelten hat und, in eine erzählbare Form gebracht, so geht: »Erzählt ein Zoni nen Witz.«

# Die slawische Seele
# der Ossis

*Harry Rowohlt*

Ich war gleich nach der Wende im Literaturhaus Pankow. Das war ein bißchen lästig, weil die Menschen im Beitrittsgebiet ja während vierzig Jahren Unrechtsregimes ein feines Gespür für Zwischentöne entwickelt haben, und wenn so ein Publikum ständig auf tiefere Bedeutung lauert, ist es natürlich bei mir gearscht. Da konnte man die Wessis von den Ossis gut unterscheiden. Die trugen zwar alle schwarze Klamotten, so daß der Unterschied optisch nicht auszumachen war, aber die Wessis lachten einfach unbefangen, wenn irgendwas komisch war, während die Ossis überlegten, was damit wohl gemeint sein könnte. Das ist die breite slawische Seele. Der Slawe lacht ja auch erst, wenn er genau hinterfragt und kapiert hat, was das für Implikationen haben könnte. Aber jetzt, nach zwölf Jahren, sind die Zonis fast genauso dämlich wie wir, und nochmal acht Jahre, dann sind sie die gleichen Volltrottel, und dann ist zusammengewachsen, was zusammengehört hat. Bis dahin sind auch deren Neonazis älter geworden und unsere Altnazis tot. Zumindest hatten sie keine Altnazis.

# Rügen muß man Rügen nicht

## Ein Reisebericht

*Hans Zippert*

Der deutsche Osten hat keinen guten Ruf. Jeder achte Bundesbürger wünscht sich die Mauer zurück, und nur jeder zweite Westdeutsche war überhaupt schon einmal »drüben«, um sich persönlich davon zu überzeugen, warum er die Mauer wiederhaben möchte.

Bereits kurz vor der sich ankündigenden Wiedervereinigung, als nur Oskar Lafontaine wußte, was das kosten würde, wurden Stimmen laut, nach denen »die da drüben« ruhig alles behalten könnten, bis auf »Sanssouci und Rügen«. Das war kurzsichtig gedacht, und hätte nur neue schlechtbeleuchtete Transitautobahnen und Kontrollpunkte mit Ohrvorzeigen und Kofferraumdurchleuchten hervorgebracht. Außerdem wächst die Attraktivität Rügens mit der Monotonie der zu durchfahrenden mecklenburg-vorpommerischen Landstriche. Schöne Orte kommen erst richtig in unspektakulärer Umgebung zur Geltung. Es ist sehr erfreulich, daß unser Land jetzt ein Urlaubsziel wie Rügen besitzt, denn die Insel liegt so weit von Frankfurt, Bielefeld oder gar

Freiburg entfernt, daß man gar nicht mehr glaubt, überhaupt noch in Deutschland zu sein.

Elf Stunden hat es gedauert, bis wir in Stralsund ankamen. Neben vorhersehbaren Hindernissen hatte uns ein unerwarteter Stau in Schwerin mindestens eine Stunde gekostet. Ein Möbelhaus und ein BMW-Händler feierten gleichzeitg verkaufsoffenen Sonntag, was sich alle Schweriner, die sowohl ein Auto, als auch eine Schrankwand besaßen, nicht entgehen lassen wollten. Wir hatten in der langsam vorrückenden Schlange Gelegenheit zu unschönen Gedanken über die Frage, »ob sowas auch bei uns möglich wäre«, kamen aber zu keinem Ergebnis. Auf der Küstenstraße ging es dann allerdings auch nicht recht voran, obwohl sämtliche Automobilniederlassungen geschlossen hatten. Wahrscheinlich war genau das der Fehler, denn nun wußten die Automobilisten überhaupt nicht mehr wohin, und verstopften kurzentschlossen die nächstgelegene Straße.

Gern hätten wir geschrieben, daß der bloße Anblick von Rügen uns für all die Strapazen entschädigte, doch in der Dämmerung unterscheidet die Insel nichts vom Rest Mecklenburg Vorpommerns, der das Auge des Fahrers nicht gerade mit optischen Sensationen von der Fahrbahn ablenkt.

Wir hatten aber vorsichtshalber Bücher dabei, in denen die Schönheit Rügens gepriesen wird, allerdings wurden alle Fotos am Tage und in der Hauptsaison bei strahlendem Sonnenschein aufgenommen. Bücher mit dem Titel »Rügen im Zwielicht der Nebensaison« oder »Entlaubte Bäume an Rügens regennassen Nebenstraßen« warten noch auf ihre Fertigstellung Doch auch wenn es sich im Moment unserer Ankunft nicht beweisen ließ, Rügen mußte ganz einfach sehr schön sein, sonst hätten sie es 1933 nicht extra mit einem Damm am Festland festgeschweißt. Der wurde 1945 zwar gesprengt, aber ab 1947 war die Insel wieder sicher mit Stralsund verbunden. Eine Vorsichtsmaßnahme, über die man zu DDR-Zeiten sicher sehr froh war, denn durch den Damm verhinderte man, daß die Insel eines Tages einfach Richtung Dänemark abdriftete. Nicht umsonst war Rügen auch in volkseigenen Zeiten das beliebteste Urlaubsziel. Millionen Ostdeutsche hofften, der Damm könnte unter ihrem Gewicht zerbrechen und die Insel Kurs auf das nächstgelegene Kap des Kapitalismus nehmen. Inzwischen hat sich das Problem erledigt, Rügen ist kapitalistisch geworden, ohne daß Dämme brechen mußten. Helmut Kohl hat Rügen und Sanssouci für uns gekauft, sich dabei aber auch viel nicht ganz wertbeständiges Brachland aufdrängen lassen.

Selbst eine anerkannte Sehenswürdigkeit wie Rügen besteht übrigens zu einem großen Prozentsatz aus vollkommen unansehnlichen Stellen. Bürgersteige auf denen nichts mehr wächst, Landstraßen voller Teer und Einkaufszonen mit Warenangeboten, die einer Kriegserklärung gleichkommen. Weil wir eintönige Bundesstraßen noch von zuhause kannten, bogen wir gleich an der ersten Abzweigung nach Putbus ab. Die Straße wirkte kleiner und die ausgeschilderten Orte Gustow, Poseritz oder Garz versprachen Kopfsteinpflasterberührung. Allein der Klang des Namens Putbus verführt zum abbiegen, auch wenn man gar nicht weiß, daß es sich bei Putbus um die »letzte komplett geplante Residenzstadt Nordeuropas« handelt. Eine Information, die völlig überflüssig ist, solange man nicht weiß, welches eigentlich die vorletzte komplett geplante Residenzstadt war und warum man nach Putbus plötzlich mit dem kompletten Planen von Residenzstädten in Nordeuropa aufgehört hat. Darüber schweigen sich die Reiseführer aber verdächtigerweise aus.

Nach kurzer Fahrt durch malerische Alleestraßen erreichten wir die ersten Schlaglöcher, die teilweise beträchtliche Ausmaße hatten. Schilder mit der Aufschrift »Straßenschäden« oder »10 km« warnen den ungestümen Fahrer und in Garz mußte sogar der »gesamte Ortskern« umfahren werden. Die Ausmaße der dortigen Schlaglöcher vermochten wir uns nicht vorzustellen, denn die Umgehung verlief erschreckend weiträumig. Vielleicht war ganz Garz in einem Schlagloch verschwunden. Putbus konnte man nur schmalspurig befahren, was wahrscheinlich auch komplett geplant war, aber der zentrale Platz verfehlte nicht seine zentrale Wirkung. Wir rissen das Steuer herum und fuhren mehrere nicht eingeplante Runden um den vollkommen ausgestorbenen Ortsmittelpunkt. Das Ziel unserer Reise aber lag noch weit entfernt, schweren Herzens beendeten wir die Umlaufbahnen und schwenkten nach rechts Richtung Göhren ein.

An der Straße passiert man ein ganz erstaunliches Bauwerk, das viel Ähnlichkeit mit einem Weltraumbahnhof aufweist, allerdings auch die Möglichkeit zum Betanken von Zweitaktfahrzeugen bietet. Die Tankstelle für ein neues Jahrtausend ließ in uns gewisse Befürchtungen über ei-

nen weiteren verkaufsoffenen BMW-Händler auf-
keimen, die sich als grundlos erwiesen. Uns begegnete nur noch ein Fahrzeug, bevor wir die
Bundesstraße erreichten und das war ein Reise-
bus aus Wuppertal Elberfeld. Fast eine dreiviertel Stunde waren wir nun unterwegs und inzwischen wollten die Kinder nicht mehr glauben, auf
einer Insel zu sein. Auf einer Insel sieht man
mindestens auf zwei Seiten das Meer, günstig-
stenfalls sogar auf vier. Das letzte Stück Meer
hatten wir bei Stralsund überquert und das hätte
auch ein sehr breiter Fluß oder ein See sein können. Kinder glauben nur, was sie sehen, Erwach-
sene glauben nur, was sie auf Landkarten sehen
und da ist Rügen eindeutig als Insel eingezeich-
net. Besonders viel Wasser fließt im Süden wirklich nicht zwischen Insel und Festland, das liegt
aber nicht daran, daß zu DDR-Zeiten auch das
Salzwasser knapp war, sondern das einfach nicht
mehr Wasser zwischen Insel und Festland paßt.

Den Inselbeweis für Kinder kann nur ein Blick
vom Mittelturm des Jagdschloß Granitz erbringen, dort genießt man, laut Reiseführer »eine
herrliche und umfassende Aussicht«. Natürlich
nur, falls die Sonne scheint. Wir sammelten Kraft
für den unvergeßlichen Anblick in Göhren. Ein
Badeort, den man nicht als mondän bezeichnen
kann, auf den sich aber erstaunlich viel reimt:
Möhren, Föhren, röhren, stören, betören, hören
oder Sören. Die Fremdenverkehrsverwaltung
könnte problemlos mit dem Slogan »Machen Sie
sich einen Reim auf Göhren...« werben oder ge-
streßte Eltern auffordern »mit den Gören nach
Göhren« zu kommen. Stattdessen verspricht man
eine »Sinfonie in Grün und Blau«, was aber weder

als Androhung noch als Verheißung prickelnder S/M-Praktiken verstanden werden sollte, sondern nur als poetischer Hinweis auf die changierende Färbung des Wassers, sowie das Grün der Felder und das Blau des Wassers. Ja, Rügen hat, wir wollen diesen Kalauer lieber aussprechen, damit wir ihn auch irgendwie innerlich bewältigt haben, Rügen hat einfach mehr vom Meer. Auch Sylt oder Amrum sind vom Wasser umgeben, aber das ist einfach nur sehr weit weg oder ganz plötzlich wieder da und dann schlägt es Wellen. Manchmal sind auch Quallen drin, aber letztendlich ist es nur schmuddeliges Salzwasser, dessen Farbe ungefähr dem Wasserglas eines Zeichenschülers ähnelt, der sich nur mit Umbra ausgedrückt hat. Was wir am Nordseewasser lieben, ist nicht die Farbe sondern das Geräusch und vielleicht der Geruch. Ganz anders das Meer von Rügen, das man allerdings unbedingt von oben betrachten sollte. Dann sieht man, es sind vor allem die ersten zwanzig Meter Meer, die schön sind, dahinter beginnt eigentlich die übliche öde und endlose Fläche, deren Beschaffenheit sich gar nicht so genau feststellen läßt. Es könnte sich auch um eine Folie handeln, wie sie in der Augsburger Puppenkiste immer recht eindrucksvoll zur Meerimitation eingesetzt wird. Die ersten zwanzig Meter, vom Strand aus gesehen, aber sind wirklich sehr gelungen und an den schönsten Stellen türkisfarben wie in unglaubwürdigen Prospekten. Noch standen wir aber mitten in Göhren und hatten das Meer nicht gesehen. Dafür aber Inselbewohner. Sie nahmen unsere Ankunft stoisch zur Kenntnis, wiesen uns eine Ferienwohnung zu und verschwanden dann wieder hinter Türen mit der

Aufschrift »Privat«. Gab es die zu DDR-Zeiten eigentlich auch schon oder stand da dann »volkseigen«?

Uns gefiel die völlige Abwesenheit des Servicegedankens durchaus, hier war man noch nicht vergiftet von permanent verlogener Freundlichkeit und devoter Kundenbehandlung, hier in Göhren stellte man sich dem Lauf der Ereignisse aus Prinzip nicht in den Weg. Hätten wir erklärt, wir wollten gleich noch ein paar Frauenleichen im Säurebad auflösen, man hätte uns ungerührt den Weg zur nächsten Apotheke gewiesen. Wir erfuhren auch erst durch hartnäckiges Nachfragen, daß Fereinwohnungsbewohner das Recht hatten, im hoteleigenen Swimming-Pool zu baden, die dezenten Göhrener wollten uns diese Dienstleistung keineswegs aufdrängen.

Am nächsten Morgen besichtigten wir dann das Meer und sahen, daß es gut war. Die Eisdiele am Strand war geschlossen, was wir sehr bedauerten, denn wir hätten gerne die Eisbecher »Joseph Beuys« (gemischte Früchte, 5,70 DM) oder »Kurt Schwitters« (Nougat, Krokanteiscreme mit feinherbem Kaffeelikör, Schokosauce und Sahne, 7, 80 DM) probiert. Am Strand erwartete uns ein reichhaltiges Angebot an Muscheln, die sozialistische Einheitsmuschel gehört längst der Vergangenheit an, sehr ansprechend waren auch die meisten Steine gestaltet und auf das Auslegen von Quallen hatte die Kurverwaltung dankenswerterweise verzichtet.

Die Oma kannte das Meer noch von früher und wollte lieber Binz sehen. Die Verschandelungsarbeiten dort waren in vollem Gange. Immerhin gab es eine fast geschlossene Reihe von Häusern im sogenannten »klassischen« Bäderarchitekturstil, doch wo immer es möglich war, hatte man postmoderne Glasmetallungeheuer mit Gaubengeschwüren errichtet und nach Möglichkeit mit Holzimitatverkleidungen versehen. Die Vielfalt der Baustile ist ungeheuer und wird in Deutschland wahrscheinlich nur von der Innenstadt Dortmunds überboten. Man traf auf echte, falsche und entartete Bäderarchitektur, auf Ruinen slawischer Burgen, komplett geplante Residenzstädte, Plattenbauten, Ladengalerien und auf nationalsozialistische Monumentalbauten. Die Strapazierfähigkeit der Insel muß gigantisch sein, es wäre also an der Zeit, daß endlich das Ehepaar Christo hier tätig wird, damit Rügen auch das hinter sich hat.

Jetzt wollten wir die Insel von oben sehen. Vom Schinkelturm des Jagdschlosses in Granitz. Gibt es in Deutschland eine Stadt ohne Schinkel-Bauwerk oder Chagall-Fenster? Die Anreise zum Aussichtspunkt erfolgt mit dem »Rasenden Roland«, einer dampfbetriebenen Schmalspurbahn, die von Putbus nach Göhren aber auch von Göhren nach Putbus fährt. Dem Charme dieses altertümlichen Fahrzeugs kann man sich nicht entziehen. Ganz langsames Dampflokfahren ist eine wunderbare Art der Fortbewegung, es hat auf die Umgangsformen der Menschen einen wohltuenden Einfluß. Niemand käme auf den Gedanken, sein Laptop einzuschalten oder in sein Handy zu schreien. Niemand hört CDs mit zischender Klopfmusik, denn die Dampflok entwickelt eine beträchtliche Lautstärke. Von der Haltestelle bis zum Schloß wanderten wir etwa zwanzig Minuten durch einen Wald, und erfuhren dann von der schlechtgelaunten Kartenverkäuferin, daß der Turm vom TÜV geschlossen worden sei. Wir waren böse. Der TÜV als direkter Nachfolger der Stasi? Die totale technische Überwachung, hat man das 1989 wirklich gewollt? Mißmutig besichtigten wir das Museum, behielten aber aus Trotz nichts in Erinnerung. Nur ein völlig unaufgeräumtes Zimmer und eine Sammlung mit scheußlichen Hirschtrophäen. »Leider zuviel Kommerz, aber von irgendwas muß man ja leben, und heutzutage schenkt einem ja keiner mehr was«, hatte jemand ins Gästebuch geschrieben.

Am nächsten Tag fuhren wir nach Stralsund, weil die Oma sehen wollte, was noch übrig geblieben war und ob sie noch irgendetwas wiedererkennen würde. Das Parkdeck, auf dem wir den Wagen deponierten, hatte es zu ihrer Zeit auf jeden Fall noch nicht gegeben, genausowenig wie die riesigen Baulücken oder die Parfümerie Douglas. Das Meeresmuseum stammt aus der DDR-Zeit, als die Ozeane noch vor Fischen überquollen und das »Fang- und Verarbeitungsschiff Arnold Zweig« seine Runden drehte. Warum gibt es eigentlich kein Minensuchboot »Heinrich Böll« oder wenigstens ein Butterschiff »Ingeborg Bachmann«? Weil man im Westen das nützliche einfach nicht mit dem kulturellen zu verbinden versteht. Solange man im Museum blieb, schien alles in Ordnung, doch dann machten wir den Fehler und gingen essen.

Inzwischen ist es ja soweit gekommen, daß man den Niedergang der Kochkultur daran erkennt, daß man es nicht mehr versteht, schmackhafte Pommes Frites zuzubereiten. Wir wollen uns nicht länger zu diesem deprimierenden Kapitel verbreiten, aber wenn zwei Kindern die Pommes Frites nicht schmecken, dann ist das doch wohl ein Fall für die UNESCO oder wenigstens den TÜV. Noch schamloser als das Weltkuturerbe Pommes wurden aber die Erinnerungen der Oma mit Füßen getreten. Nicht nur, daß sie kein Gebäude aus ihrer Jugendzeit mehr wiederfinden konnte, es wußte noch nicht einmal jemand, wo es vielleicht mal gestanden haben könnte. Wir fuhren deprimiert zurück nach Göhren, die Oma wollte nichts mehr von der Zone wissen.

Abends in der Ferienwohnung sahen wir eine Dokumentation über Schneehasen: »Der sieht ja aus wie Heino«, rief die Oma. So sehr hatte sie das Ganze mitgenommen. Jetzt konnten nur noch die Kreidefelsen helfen. Daß Caspar David Friedrich sie hat bauen lassen, um sie dann malen zu können, stand in keinem Reiseführer, aber wenn wir Fremdenverkehrsdirektoren wären, hätten wir diese Behauptung längst in die Welt gesetzt, sonst kommt eines Tages noch heraus, daß die Felsen auch von Schinkel sind. Die Kreidefelsen erwiesen sich als zuverlässige Attraktion. Nicht in Göhren, sondern hier war die Sinfonie in Grün und Blau. Trotzdem ist selbst Brahms an der Beschreibung der Wasserfärbung gescheitert und auch wir wollen es einfach und amtlich als kreidefelsenblau bezeichnen.

Die Felsen weisen wirklich alle Qualitäten auf, die man von einem guten Felsen verlangen kann. Sie sind schroff, kantig, bizarr, gezackt und ganz groß im Abgründe auftun. Und, auch das soll nicht unerwähnt bleiben, die Rügener Kreidefelsen hinterlassen einen vollkommen undeutschen Eindruck – eine der wenigen Stellen, an denen man das Land verlassen kann, ohne eine Grenze zu überschreiten. Deswegen kamen die DDR-Bürger natürlich besonders gerne hierher und deshalb hatte man am Königsstuhl sicherheitshalber einen Wachturm aufgebaut, falls jemand nicht nur mental sondern auch real außer Landes gehen wollte. Wir durften Rügen am nächsten Tag unbehelligt verlassen. Obwohl wir nicht nach Kap Arkona und Hiddensee gekommen waren, hatten wir genug gesehen. Mehr als genug.

# Altenburg

## Unter Geiern

*Oliver Maria Schmitt*

Manch einer fragt sich, wo denn all die schönen Millionen und Milliarden geblieben sind, die der reiche Westen in den ewig nassauernden Osten gepumpt hat. Hier ist endlich Antwort: Sie sind auf dem Rückweg. Größtenteils vollzählig, der Rest kommt bestimmt bald nach. Manch einer fragt mich, woher ich das wisse. Nächste Antwort: Ich war im Osten. Ich habe die Rückpumper gesehen.

Es war in Altenburg, der Stadt des deutschen Skatgerichts, auf der Terrasse des Hotels am Rossplan, hoch über der Fußgängerzone. Dort unten versprechen Schilder »Wir piercen zu super Preisen!« und die Menschen glauben es gerne. Perforiert hausen sie in Thüringen.

Ich verabreichte mir Klöße, am Nebentisch saßen zwei Herren, die meiner Nahrung recht ähnlich sahen. Ein blasser Grauer, vom Leben und einem schlechten Schneider gezeichnet, den Bauchriemen zierten ein Handy und ein Schlüsselbund. Sein Kumpan war deutlich jünger und gequollener, er trug am Leibe F.D.P. (dunkler

Dreiteiler, blaues Hemd, gelbe Krawatte) und Wetgel überm Stiernacken, blätterte schnaufend in dicken Ordnern und grunzte in sein Handy. Zahlen, Prozente, Abschlüsse.

Je leerer mein Teller, desto voller der Nebentisch. Nach und nach treffen sie ein: seltsam kompakte, wie verschalte Menschen zumeist männlichen Geschlechts, die ihre Körper in uniforme Dreiteiler oder bunte Schlagersängerjakketts gezwängt haben, was sie in ihrem Glauben bestärkt, gut angezogen zu sein. Wer ankommt, muß melden.

»Und?« fragt der Stiernacken.

»Zwo Callya und ein Classic!« Der Stiernacken notiert, der Graue nickt. Ein anderer hat drei Callya und zwei Fun: »Da staunsde, Olli, ne?« Der Stiernacken staunt aber nicht. Er ist der Olli, und Olli grunzt und notiert und sagt: »Mensch, bis fuffzähn Uhr muß gemeldet wärn. Wo sinnen die ondärn?« Es ist Freitag, 14 Uhr, und in einer Stunde müssen die Wochenwerte an die Zentrale durchgegeben sein. Ollis Leute klopfen Verträge. Sie reisen über Land und schwatzen den Ossis, die es zu weit zum nächsten Handyshop haben, Zweijahresverträge auf. Fun, Classic, Premium. Wie sie's brauchen.

Ein Twingo schwirrt an und entleert eine Frau in Rot. »Ah, die Mandy!« Olli will die Werte, sofort. Aber Mandy hat nix. Nüscht. Es hat nicht geklappt. »Mensch, haste schon wieder den Vertroch versaut«, nimmt Olli aufrichtig Anteil und macht ihr klar, was Sache ist: »Du und der Ingo, ihr seid jetzt 40 Punkte auseinonder. Das konnsde noch packen, wennde dich nächste Woche ronhäldst!« Zum Vergnügen aller muß sich Mandy vor der Rotte noch einmal ausführlich selbst demütigen. Wie sie es geschafft hat, den Vertrag zu versauen.

Stimmung kommt auf. Ingo strahlt, und sein Nachbar berichtet geiernd, wie er gestern von einem Opfer vom Hof gejagt wurde. »Der hat bei mir'n Classic geschrieben und dann erst gemerkt, daß das was anderes is, daß er jetzt *noch'n* Handy hat. Zusätzlich zu seim D 1!« Haa-hua-hua-hua! Gelächter spritzt auf. Was ein Idiot!

Ingo telefoniert und weiß dann Bescheid: »Der Marco kommt gleich, der ist gerade dabei, 'nen Fun zu schreiben.« Olli grunzt gefällig und notiert. So muß es laufen. »Mit dem Fun sinns fümmndreißich, Herr Gillhaus!« meldet er stolz dem Grauen. Das ist der Gebietsleiter. Er lenkt die Brut und ist's zufrieden. Und lächelt. So schöpft man die Gewinne wieder ab, die die Ossis mit der Einheit gemacht haben. Dafür kriegen sie Handys, mit denen sie sich zum Sunshine-Tarif die Pegelstände ihrer Verschuldung durchgeben können. Oder neue Perforationserfolge.

Pausenlos piepsen nun Handys, und, wie immer, wenn sie Botokuden gehören: in Polyphon-Melodien. Autos rollen an. Jeeps und Kombis. Je mehr kommen, desto auffälliger die Sichselbstgleichheit deutscher Dealer. Gülden blitzt der Binder, Gel ist Ehrensache, die Schuppen gibt's gratis. Das meinte die Merkel, als sie von Markt und Menschen sprach. Gewieher und Gelächter, Schulterklopfen, daß die Schuppen nur so vom Kragen purzeln. Uaha-ha-ha-ha. Wieder zweie rumgekriegt, die erst nicht wollten. Die sind soooo doof, hua-hahaha!

Ein Audi TT quietscht um die Ecke und erbricht

einen weiteren FDP-Dreiteiler. Aber der ist nicht gut drauf. »Nullrunde!« meldet er und feuert die Kippe altenburgabwärts. Uuuah-ha-ha, der Maik! Typisch. »Einer hatte schon ausgefüllt, aber nicht unterschrieben, der Arsch!«

»Tja, Maik, deine Punkte konnsde heften«, feixt Olli. Da kann sich der Maik mal mit der Mandy drüber unterhalten.

Fünfzehn Uhr, Olli gibt die Zahlen durch: »Ja, Gebiet 22! Siebzähn Fun, sieben Callya und ölf Classic! Wie?!? Ölf! Öööölf Classic!« Kein Zweifel – Olli ist aus'm Osten, denn er kann die Zahl zwischen zehn und zwölf nicht aussprechen. Die Drecksarbeit sollen die Ossis gefälligst selbst machen. Dafür eignen sich die eigenen Landsleute immer noch am besten. Denen vertraut man. Sind ja Ossis. Unsrige. Keine arroganten Besserwessis. Öööölf!

Dann rumpelt es, Stühle werden geschoben und Körper erhoben. Der Graue nickt mit dem Kopf. »Ich glaube, das war für uns eine jute Woche«, faßt Gebietsdirektor Gillhaus die Woche gut zusammen und nestelt am Schlüsselbund. Er spricht selbstverständlich rheinisch, alles andere wäre ja noch schöner. »Und nun, meine Herrschaften, jehnmer mal rein und schaun mal, wo wir nächste Woche aktiv werden.« Sie schwärmen nach innen, der Spuk ist vorbei.

Die Geier ziehn weiter.

# Heimatkunde

*Martin Sonneborn*

»Wie ich den Fall der Mauer erlebt hab? Es war Mitternacht, ich lag im Bett, da kam meine Frau reingestürmt und rief ›Gerald, Gerald, im Fernsehen zeigen sie es gerade: Die Mauer ist auf, wir können rüber nach West-Berlin!‹ Ich sagte: ›Und? Was soll'n wir'n da? Ich muß morgen um vier Uhr aufstehen, laß mich gefälligst schlafen!‹«

Der Mauerfall war jetzt fast 20 Jahre Geschichte. Gerald, knapp 60, gelernter Straßenbahnfahrer und seit Jahren arbeitslos, stand neben mir auf dem Balkon seiner Wohnung. Aus dem elften Stock blickten wir auf den Rest von Berlin-Marzahn, Europas größter Plattenbausiedlung, errichtet zu Hochzeiten des real existierenden Sozialismus. »Am Tag darauf machte sich die Wende schon bemerkbar«, fuhr Gerald vorwurfsvoll fort, »am 10. November 1989, am Morgen nach der Grenzöffnung, traten nur 40 Prozent der eingeteilten Fahrer zum Dienst an. Eine gravierende Störung im Betriebsablauf!«

Auf Geralds Balkon stand ich, weil ich einen sommerlichen Regenguß abwarten wollte. Ich hatte von unten am Haus hoch gerufen, einen Mittvierziger im glitzernden Trainingsanzug, der im achten Stock gelangweilt von der Brüstung starrte, lautstark gebeten, mich auf einen Kaffee einzuladen, es sei naß hier unten. Der Mann hatte mein Anliegen ordnungsgemäß nach hinten weitergemeldet, seine Befehle empfangen und mir bedeutet: »Nö, geht nicht, sie will nicht.« Ich hatte insistiert, *er* sei doch der Mann im Haus, *er* habe schließlich die (Trainings-) Hosen an, außerdem würde er sich doch langweilen, wir könnten reden. Ein resigniertes Kopfschütteln, dann verschwand der Mann nach hinten. Bei Gerald hatte ich mehr Glück. Seine Frau war nicht zu Hause, er öffnete mir die Tür.

Ich war auf der Wanderschaft. Begleitet von einem Kamerateam lief ich einmal um Berlin herum, 243 Kilometer in gut vier Wochen, immer an der Stadtgrenze entlang. Mit einem alten Wanderrucksack der Freien Deutschen Jugend, den ich kurz nach der Wende in einer der vielen aufgebrochenen DDR-Wohnungen beschlagnahmt hatte – wer weiß, vielleicht hatte ihn einst unsere Kanzlerin getragen, Angela Merkel, als sie noch Sekretärin für Agitation und Propaganda in der FDJ war. Zu meiner Überraschung hatten nicht nur Merkel, sondern auch der Geruch aus den alten DDR-Wohnungen im neuen Deutschland überlebt. In vielen der Pensionen, in denen ich während meiner Expedition nächtigte, stammten Bettwäsche, Tapeten und Luft noch aus DDR-Beständen.

Mein Rucksack enthielt etwas Proviant, einen Schirm, eine Regenjacke, frische Unterwäsche und drei blaue Busfahrerhemden zum Wechseln. An den Füßen trug ich schwere Caterpillar-Bergschuhe, die jetzt, nach der Wanderung, zu einem Exponat im »Haus der Geschichte der Bundesrepublik Deutschland« werden sollen. Ich habe zugesagt, mich von ihnen zu trennen; unter der Bedingung, daß sie ihren Platz neben Altkanzler Kohls Strickjacke finden. Wie Helmut Kohl und seine Strickjacke für die vielgefeierte deutsche Einheit, stehen die Schuhe als Zeugen für die fortbestehende deutsche Teilung.

Der Nachwuchsregisseur Andreas Coerper (53), hatte mich gefragt, ob ich für seinen Dokumentarfilm »Heimatkunde« um Berlin herumwandern würde. Als Feldforscher. Um festzustellen, ob sich neues Leben im Grenzland entwickelt hat, und wie es aussieht. Fast zwanzig Jahre nach dem Fall der Mauer sei es an der Zeit für eine Bestandsaufnahme: Hatten Ost- und West-Deutschland zusammengefunden? Sind wir wirklich ein Volk, wir und die da drüben, im Nahen Osten, in der Ex-DDR?

Warum Coerper gerade mich gefragt hatte? Weil ich als Fachmann galt für die Ost-West-Beziehungen. Während die Ostberliner Straßenbahnfahrer noch auf dem Kudamm herumtobten und eine große, trunkene Verbrüderung Einzug hielt im Lande, während ganze Kolonnen von Drückern, Zeitschriftenwerbern, Schuhverkäufern, abgehalfterten Westpolitikern und aufstrebenden Versicherungsvertretern nach Osten drängten, während Franz Beckenbauer völlig zu Unrecht befürchtete, daß wir im Fußball auf Jahre hinaus unschlagbar seien, schrieben wir einen Satz ins Impressum des endgültigen Satiremagazins *Titanic*, der dort bis heute steht: »Die endgültige Teilung Deutschlands – das ist unser Auftrag.«

Und an diesem Auftrag arbeiten wir uns seither mit viel Freude ab: Egal, ob wir Leserbriefe an das ostdeutsche Humormagazin *Eulenspiegel* schrieben, in denen wir mit Vorliebe die larmoyantesten Beiträge über den Klee lobten, und die begeistert abgedruckt wurden, sobald nur ein »Dr.« oder »Prof.« aus Westdeutschland als Absender firmierte; ob wir mit einem offiziellen »Grundgesetzmobil« durch die Zone rauschten, um die fünf neuen Bundesländer mit den neusten (und ausnahmslos erfundenen) Gesetzen vertraut zu machen; oder ob wir im Namen der Möllemann-FDP vor dem Rathaus von Eisenach Informationsstände mit Pornoplakaten und antisemitischen Parolen präsentierten, um den DDR-Bürgern die Idee des Liberalismus nahezubringen.

In ungezählten Telefonaktionen hatten wir uns um die erneute Teilung des Landes verdient gemacht: Um etwa den landesweiten Feierlichkeiten zum zehnten Jahrestag des Mauerfalls etwas entgegenzusetzen, riefen wir im Namen der Gebühreneinzugszentrale bei wahllos aus dem Telefonbuch herausgegriffenen Ostdeutschen an und forderte Fernsehgebühren nach für die zehn Jahre vor der Wiedervereinigung, in denen im Osten bekanntlich schon viel Westfernsehen geschaut wurde. Die Beschimpfungen in den Telefongesprächen, die wir anschließend veröffentlichten, erreichten eine ganz neue, erstaunliche Qualität. Als die Ostdeutschen immer öfter beklagten, bei der Wiedervereinigung ungerecht behandelt worden zu sein, annoncierten wir gutbezahlte Arbeitsplätze bei einer »Ossi-Jammer-Hotline (live)« und fanden Sachsen, die gegen einen Teil der Gebühren besser situierten Westdeutschen ihr Leid vorzujammern bereit waren. Leider hielt die Telekom – kommerzieller Betreiber verschiedenster gutgehender Horoskop- und Sex-Nummern – *Titanic* für zu unseriös und wollte uns keine Hotline einrichten.

Als dann Neonazis in Ostdeutschland immer mehr »nationalbefreite Zonen« ausriefen, führten wir telefonisch die Entnazifizierung durch, die es nach 1945 nur in Westdeutschland gegeben hatte. Und deckten gefährliche Wissenslücken auf: »Wie viele Jahre währte das 1000jährige Reich?« – »Na, 1000 Jahre? Oder ist das 'ne Fangfrage?«

Schlußendlich gründeten wir sogar eine eigene Partei namens Die PARTEI, deren erklärtes Wahlziel der Wiederaufbau der Mauer ist. Wir stellten den Solidaritätsbeitrag für Ostdeutschland in Frage, und Vertreter der etablierten Parteien zeterten, das würde unser Land zerreißen. Nachdem der Bundeswahlleiter uns anerkannt hatte und wir mit Hilfe der Gewerkschaft IG BAU unter größtmöglichem Medieninteresse provisorisch schon mal fünf Meter der Mauer wieder errichtet hatten, konnten wir bei der Bundestagswahl 2005 in Berlin und Hamburg aus dem Stand heraus 0,4 Prozent der Stimmen erzielen – unser bestes Ergebnis seit Kriegsende! Mit Luft nach oben allerdings, den FORSA-Umfragen ergaben, daß rund 25 Prozent der Bundesbürger in Ost und West sich mit unserem Wahlziel identifizieren können.

Ich kannte also Ost- und Westdeutsche gleichermaßen und konnte ganz vorurteilsfrei mit den Menschen an der Grenze sprechen. Daß mich ein Kamerateam begleitete, erwies sich dabei als wenig störend. Es wird in Deutschland mittlerweile für normal befunden – offenbar eine Folge des exzessiven Konsums von Unterschichtenfernsehen –, daß, wenn zwei sich unterhalten, ein dritter mit einer Kamera dabei steht.

Und über die Verhältnisse reden, das taten die Leute gerne, wenn man ihnen mal die Gelegenheit dazu gab: »Ich habe mit diesem Staat nichts zu schaffen, ich bin und bleibe DDR«, sagte Gerald, der Straßenbahnfahrer, freundlich zum Abschied.

DDR waren und blieben auch seine Nachbarn. Im Speckgürtel um Berlin gab es praktisch keine Wiedervereinigung. Wenn Westler neuen Lebensraum im Osten suchten, wohnten sie in wagenburgähnlichen Neubaugebieten, in denen sie strikt unter sich blieben. Als ich in einer neu errichteten Musterhaussiedlung nach einer ostdeutschen Familie fragte, erschrak die Hausfrau, die ich ansprach: »Oh, Gott, 'ne ostdeutsche? Nee, das glaub' ich nicht, so was gibt's hier nicht! Ich bin aber auch immer nur nachmittags da, gehen Sie mal in diese Richtung...« Ich ging. Und fand ostdeutsche Rentner, ein paar Kilometer weiter, in heruntergekommenen Ortskernen zwischen grellbunten neuen Shopping-Centern. Auf die Frage, ob ihnen die zugezogenen Siedler und ihre Häuser gefallen würden, erntete ich nur traurige Blicke und Kopfschütteln. Etwas zorniger fiel die Ablehnung naturgemäß bei den jungen Männern aus, die sich abends zu Benzin, Bier und Musik an den Tankstellen trafen: Wessies, so der Tenor, seien hochnäsig, arrogant und würden denken, alle Ossis seien Neandertaler.

»Die DDR hat es nie gegeben – und sie war besser!« Das ist wohl das Resümee meiner vierwöchigen »Heimatkunde«. Seitdem ich zu Reisebeginn an der Glienicker Brücke, auf der früher regelmäßig gescheiterte Agenten ausgetauscht wurden, die Havel durchschwommen hatte – ich war vermutlich der Erste, der sie von West nach Ost durchquerte! –, war ich überwiegend Menschen begegnet, die sich die alten Zeiten, den alten Staat, die alte Heimat zurückwünschten.

Älteren, denen die Wende Wohnung, Arbeit, Geschichte, den Sinn ihres Daseins genommen hatte. Verwirrten, die im Wald herumstanden und erst einen imaginären Gott fragen mussten, ob sie mit mir sprechen durften. Und Jüngeren, denen die Eltern vorwiegend die Vorzüge der untergegangenen Republik überliefert hatten. Oder die die DDR gar nicht mehr kannten: »DDR? Das wußte ich mal, das hatten wir in der Schule«, erklärten mir zwei 16jährige Mädchen am Flughafen Schönefeld, im Osten von Berlin. »Es gab DDR und BDR. DDR, das war wie Krieg!« Aber cool war es auch, schoben sie nach, und sowieso schon immer besser im Osten: »Wessies? Die könn' sich verpissen...«

Am Ende meiner Reise, als ich wieder auf Potsdam und die Glienicker Brücke zulief, war mir eins klar geworden: Die »endgültige Teilung Deutschlands« – so engagiert wir in *Titanic* auch stets daran gearbeitet haben – ist im Grunde vielmehr ein Ergebnis der Arbeit der Kräfte, die die sogenannte Wiedervereinigung und den Anschluß Ostdeutschlands betrieben haben.

Und auch eine weitere Frage hat sich – endlich einmal – geklärt: Als ich an einem See bei Erkner, tief im Osten Berlins, drei Abiturienten routinemäßig fragte, welches das bessere System sei, Kommunismus oder Kapitalismus, wurde mir eine überraschende Antwort zuteil. Ein stämmiger, stockbetrunkener, ca. 70jähriger Bootsfahrer torkelte heran und brüllte: »Hör mal zu, ich hab drei Systeme erlebt, unter Hitler, unter Honecker und jetzt...« – »Und?«, fragte ich zurück, »welches System ist nun das beste?« Der Mann stutzte, stemmte die Arme in die Hüften, seuftze auf »pfffffft!« und starrte minutenlang aus glasigen Augen ratlos in den Himmel. Eine schöne Antwort.

# Besuch
# bei den Ostverwandten

*Uli Hannemann*

Es muss so um das Jahr 1978 herum gewesen sein. Wir hatten uns mal wieder auf den Weg gemacht, um mit dem Auto unsere Ostverwandten zu besuchen. Vater saß am Steuer, meine Mutter vorne neben ihm, und auf der Rückbank, eingezwängt und fast begraben von den vielen Hilfsgütern meine Schwester Hanne und ich. Auch der Kofferraum war randvoll mit Schiffszwieback, Pökelfleisch, Hundefutterdosen und vor allem Klopapier. Die Versorgung mit Klopapier war laut meinem Vater zu jener Zeit das vordringliche Problem im Osten.

Prostzella-Klabusterhausen, wo die Ostverwandten hausten, lag nicht weit vom Grenzübergang Ost-Schweiningerode entfernt. »Eine Kleinigkeit« sagte Vater etwas lauter und entschlossener als nötig und wie um sich selbst zu beruhigen, als wir uns der mit Wachtürmen, Schießscharten, siedenden Pechtöpfen und berghohen Stacheldrahtverhauen bewehrten Zonengrenze näherten.

»Ost-Schweiningerode« stand auf dem riesigen mit ca. 100.000-Wattscheinwerfern ausgeleuchteten Schild über der Grenzstation, und nur wenig kleiner darunter: »Kombinatshauptstadt des sozialistischen Unterbezirks Kleintodesleben und Friedenswall im Kampf des herrlichen Sozialismus und zu Ehren des Arbeiter- und Bauernstaats der Deutschen Demokratischen Republik gegen den imperialistischen Klassenfeind und Plaste und Elaste und Tralala.« Das galt uns.

»Nur eine Kleinigkeit«, wiederholte Vater, doch die hektische Art und Weise, wie er dabei Stücke aus dem Lenkrad unseres Daimlers biss, strafte den Inhalt seiner Worte Lügen. Dennoch waren wir zu diesem Zeitpunkt guten Mutes. Wir ahnten ja nicht, dass wir Prostzella-Klabusterhausen erst viele Jahre später wiedersehen sollten, nach der Wende und als gebrochene Menschen.

»Ich könnte ja den Beamten fragen: ›Wollen Sie ein Bier, Mann?‹«, versuchte Vater sogar einen Scherz, als wir uns als letztes Gefährt in die Schlange der anderen bis zum Dach mit Klopapier beladenen Westwagen einreihten, »Ein Bier, Mann, haha, ein Biermann …«

»Schscht«, zischte Mutter scharf, »wir wissen doch gar nicht, wie weit die hören können. Die haben hier doch bestimmt überall so Abhörzeug!« Sie habe keine Lust von einer Kalaschnikowsalve durchsiebt auf dem bröseligen Asphaltersatz von Ost-Schweiningerode zu verbluten. Im Übrigen seien das hier keine Beamten, sondern Volksgrenzpolizisten oder so, und er, der Vater, dürfe sie auf keinen Fall »Beamte« nennen.

»Ist ja schon gut, Erika«, entgegnete Vater, um dann so leise, dass sie es nicht hören konnte, zu murmeln: »Eine Kleinigkeit.«

Die Autos vor uns wurden überraschend zügig abgefertigt. Der Transit ging ja meistens schnell, doch von der Einreise war man normalerweise anderes gewohnt. Schon standen wir neben dem Fensterchen der Grenzkontrolle.

»Guten Tag«, sagte Vater. Mit zitternden Händen reichte er unter demütigenden Verrenkungen die Papiere unaufgefordert durch die Luke. Diese war eigens erhöht in die Baracke eingelassen, um den Einreisenden zu demütigenden Verrenkungen zu zwingen.

Der Grenzer grüßte nicht zurück: »Haben Sie Waffen dabei?«, fragte er mürrisch. »Kinder, Funkgeräte, Sprengstoff, Munition?«

»Nur Kinder.« Vater grinste.

»Was gibt es da zu grinsen, Klassenfeind?« Der Grenzer zog die Augenbrauen hoch.

»Nichts«, beeilte sich Vater zu sagen. »Gar nichts, Verzeihung!«

Während die Personaldokumente parallel zu uns auf einem kleinen Fließband weiterfuhren, bedeutete uns der Mann per Handzeichen, die zwanzig Meter zum nächsten Schalter vorzufahren. Dort händigte uns ein anderer wortlos die Papiere aus.

»Hab ich's nicht gesagt?« triumphierte Vater, als wir weiterfuhren, »eine Kleinigkeit.« Ströme von Schweiß badeten seine selbstgerechten Züge. Am Straßenrand kündete ein eiterfarbenes Werbeschild von der Überlegenheit ostzonaler Produkte: »VEB Körniges Klopapier aus Kackschwitz: Fortschritt und Aufbau zum Wohle der Bürger der DDR!« Vater lachte überheblich.

### »Stoi!«

Nach nur wenigen Metern war die Weiterfahrt beendet. Ungläubig glotzten wir in das vor langen spitzen Eisenzähnen starrende Maul einer quer über die Fahrbahn geschobenen Stalinorgel.

»Eine Kleinigkeit«, wisperte Mutter tonlos. Unter einem Berg Klopapier begann Hanne still zu weinen.

Eine Kompanie vom Genuss minderwertiger Wurstwaren sichtlich zerfressener Volksgrenzpolizisten scheuchte uns aus dem Auto. »Wollen Sie ein Bier, Mann?«, zwinkerte der Anführer Vater grimmig zu, »Dawai!« Wir mussten uns in einer Reihe aufstellen, während die Grenzer den Benz bis auf die letzte Schraube und Dichtung zerlegten.

»Aber der Kollege da hinten hat doch gesagt, wir dürften weiterfahren«, wagte Vater Widerworte.

»Das ist kein Kollege«, polterte der Grenzoffizier, »wir leben in einem Arbeiter- und Bauernstaat!«

»Also gut«, verbesserte sich Vater, »der Bauer da hinten hat gesagt ...« Weiter kam er nicht, denn der Kolben der Kalaschnikow traf ihn exakt an der Schläfe.

Die Grenzschützer zerrten ihn auf die Pritsche eines IFA W50 und bedeckten seinen leblos wirkenden Körper mit einer Plane. »Frau, komm!« war nunmehr Mutter an der Reihe. Sie folgte den Männern in das Grenzgebäude. Mit einem Mal waren wir allein und elternlos.

Aber zum Glück nicht lange: Wir wurden von verlässlichen Parteigenossen adoptiert und im Geiste des Sozialismus erzogen. Ich lernte Wehrsport, Russisch und Nacktbaden. In den Sommerferien hütete ich Republikflüchtlinge an der Berliner Mauer, im Winter schnitt ich Klopapier aus

Fehldrucken des *Neuen Deutschland* zurecht. Hanne wurde zur Hammerwerferin umoperiert und starb mit neunzehn Jahren an einem überraschenden Herzinfarkt. Die Wende kam für sie zu spät.

Im Jahre 1990 traf ich endlich Vater wieder. Zunächst erkannte ich ihn kaum, denn er war ein Wrack geworden: das Haar schlohweiß, die Hände zitterten. Sobald jemand in seiner Nähe die Worte »Bauer«, »Grenze« oder »Klopapier« auch nur in den Mund nahm, wand er sich in Krämpfen auf dem Boden und wimmerte stundenlang. Es dauerte Jahre, bis ich dem stummen Mann entlockt hatte, wo er damals abgeblieben war: In einem mittelsibirischen Lager hatte er Uran geschürft, erst mit bloßen Händen und nach deren Verlust am Ende mit der Zunge. Erst vor zwei Monaten hatte man ihn begnadigt. Unsere Verwandten in Prostzella-Klabusterhausen hatten offenbar ein gutes Wort für ihn eingelegt.

Mutter sahen wir nie wieder. Eine Kleinigkeit.

# Im höheren Auftrag

## Eine Agentengeschichte mit
## Stephan Krawczyk

*Michael Quasthoff*

Was kriegten wir damals nicht alles geboten: Lichterketten, Montagsdemos, Mauerfall: Kommunismus kaputt. Kalter Krieg vorbei. Weltgeschichte. Trabi-Trauma. Begrüßungsgeld. Die ersten Zonis bei Kaufhof: Rechts ne Plastiktüte, links ne Plastiktüte, Plaste-und-Elaste-Jacke, Kolchosstulpen und Komsomolzenmütze – der wilde Osten wie gemalt. Den wunderbaren *Tita-nic*-Titel »Zonengabis erste Banane«. Das Tryptichon Brandt, Kohl, Momper auf dem Balkon des Schöneberger Rathauses, lauthals Papa Haydns Deutschlandlied, ach was, die abendländische Musikkultur massakrierend. Kohl und Gorbi an der Wolga. Des Oggersheimers Strickzelt im »Haus der Geschichte«. Runde Tische in Jena. Goldene Wasserhähne in Wandlitz. Elend in Sorge und Sorge in Elend. Matthias Sammer in Stuttgart, Ulf Kirsten in Leverkusen, Thomas Doll bei Lazio Rom. Biggi Breuel bei der Treuhand. Die Puhdys bei *Wetten, daß...?* Honecker im chilenischen Exil. Mielke (»Ich liebe Euch alle«) im Knast. Sozi Böhme bei der Stasi, Sozi Thierse im Bundestag. Bärte, Mutaten, Sensationen.

Krenz und Gauck, Schorlemmer und Schabowski. Onkel Modrow und Tante Merkel, De Maiziére und Krause. Gysi, Boley, Täve Schur.

Ich verfolgte den Irrsinn vor dem Fernseher und tat so, als tangiere mich das alles nur peripher. Man hatte ja auch persönlich nichts gegen die DDR gehabt. Nicht mal entfernte Verwandte. Gut: Schießbefehl, Sparwasser, Renate Stecher, der schwarze Kanal, das war nicht nur nicht schön gewesen, sondern rundweg indiskutabel. Aber das waren die Zustände in Uganda oder Burma ebenso. Wirkliches Interesse für die Gerüchte und Phänomene, die da ab und an über die Mauer wehten, mochte man nicht entwickeln. Außer für die Olson-Bande. Die Abenteuer des dänischen Gaunertrios liefen Sonntags im DDR-Staatsfernsehen und basierten auf dem Konstruktionsprinzip des Bill-Murray-Klassikers »Und täglich grüßt das Murmeltier«. Es passierte stets dasselbe. Am Beginn jeder neuen Folge spazierte Boss Egon aus dem Kopenhagener Stadtgefängnis, erläuterte den Kumpanen Benny und Kjeld einen todsicheren Plan und landete am Ende wieder hinter Gittern. Zwischendrin ging es aber ziemlich lustig zu. Wobei sich der absurde Witz aus der himmelschreienden Brotdummheit der Ordnungsmacht und dem Hang der Spitzbuben zum kleinbürgerlichen Wohlleben ergab. Die DDR ist so ähnlich wie Dänemark, dachte man. Dass heißt, der Westdeutsche meiner Generation bestaunte den realsozialistischen Frontstaat gemeinhin wie Gulliver das Land der Balnibarier. Dort wohnt ein skurriles Völkchen, das seine Zeit damit hinbringt, aus Gurken Sonnenlicht und aus Scheiße geschmacklose Würste zu extrahieren.

Daran änderte sich auch nichts, als es mich 1988, begleitet von Freund Hänschen, leibhaftig in das Reich des Bösen verschlug. Uns war schon etwas mulmig, immerhin querten wir den eisernen Vorhang im Dienst einer Rundfunkanstalt mit dem brisanten Auftrag, den hochdissidenten und von den Westmedien zum Biermann-Nachfolger ausgerufenen Liedermacher Stephan Krawczyk zu interviewen. Die Songs des Mannes, so weit hatte ich recherchiert, waren eher weniger geeignet, ein Regime ins Wanken zu bringen. Genaugenommen waren sie schrecklich: eine handwerklich solide heruntergeklampfte Mixtur aus Bettina-Wegener-Larmoyanz und frühexpressionistischen Ergüssen. Aber was wusste ich schon über die seltsame DDR, über kryptische Codes (»Vorwärts im Sinne der Hauptaufgabe«), ihre unrasierten Oppositionellen und dämonischen Staatsorgane? Eben! Das Minitonband jedenfalls brannte in meiner Tasche wie Kryptonit. Ich sah uns schon in Bautzen Tüten kleben und meinen alten Vater Petitionen an Genscher kritzeln, während Mutter eine Träne aus dem Gesicht wischt und Stullenpakete schnürt.

Wir rumpelten mit der Straßenbahn durch das bröckelnde Ostberlin zum Prenzlberg, trafen den Barden in seiner Wohnung an und wurden eingelassen. Krawczyk, der gottlob nicht sang, entpuppte sich als angenehmer Zeitgenosse, servierte Kekse und füllte bereitwillig drei Bänder mit Schauergeschichten aus dem öden Zonenalltag. Dazu gab's tschechisches Bier und die Mitteilung, hier sei alles verwanzt. Zaghaft schlug Hänschen vor, den Standort zu wechseln. Das nütze auch nichts, sagte Krawczyk, die Stasi höre immer mit.

Aber das Bier sei eh aus, da könne man auch in der Kneipe weiter trinken. Sein Stammlokal hieß »Oderkahn«. Die düstere Schankstelle beherbergte ein Dutzend Trinker, die sich um einen vernarbten Eichentisch versammelt hatten. Obwohl die restlichen Tische unbesetzt waren, delegierte uns die Kellnerin in die Runde der wortlos ihre Biere verklappenden Homunkulusse. Mir schwante Ungutes. Nach all dem, was Krawczyk erzählt hatte, fungierte mindestens die Hälfte als IM, zwei waren depressive Alkoholiker, der Rest musste für den KGB arbeiten. Das focht den Liedermacher aber nicht an. Nachdem er bestellt hatte, führte Krawczyk salopp und lauthals weitere staatsfeindliche Reden, solange bis wir zwölf große Bier und neun Schnäpse für 14 Mark Ost getrunken hatten. Mittlerweile war es elf Uhr, Zeit, die bolschewistische Tyrannei zu verlassen.

Der Liedermacher bugsierte uns zum Bahnhof Friedrichstraße und verabschiedete sich, nicht ohne gutgemeinte, schon mit etwas schwerer Zunge vorgetragene Ratschläge, für den Fall, dass das Interviewmaterial in die Hände der Zöllner fallen sollte. Die Details habe ich vergessen. Es lief aber im Groben darauf hinaus, dass wir, falls man uns draufkäme, »echt am Arsch« wären. Dann verschwand Krawczyk pfeifend in der Dunkelheit.

Ich war noch nie besonders mutig und kurz davor, das ganze Dissidentengequackel einfach in der nächsten Mülltonne zu entsorgen und dem Redakteur eine saftige Agenten-Kolportage aufzutischen, die man leichterhand aus Le Carrés Smiley-Romanen und ein paar *Spiegel*-Artikeln zusammenbosseln würde. Hänschen schlug vor, kühlen Kopf zu bewahren, den Grenzübertritt erst einmal hintanzustellen und die verbleibende halbe Stunde unseres DDR-Aufenthaltes zu nutzen, um den restlichen Zwangsumtausch, summa summarum neun Mark Ost, seiner Bestimmung, respektive dem sozialistischen Gastronomiegewerbe zuzuführen. Das leuchtete meinem Brummkopf ein. Wir zockelten also Richtung Alex und fahndeten nach einem Lokal, konnten aber in diesem verfluchten Unrechtsstaat keine Destille entdecken, die noch offen war. Unsere zunehmend hektischeren und von wilden Flüchen begleiteten Bemühungen erweckten schließlich das Interesse eines Volkspolizisten. Das ist das Ende, dachte ich, fummelte die Kassette aus dem Recorder und stopfte sie mir in dem Mund, bereit, das gesamtdeutsche Dokument sofort zu schlukken und zu verdauen, bevor man uns nach Sibirien transportieren würde. Doch ehe ich mir den Magen verderben konnte, hatte Hänschen todesmutig die Initiative ergriffen und dem Vopo unser Neun-Mark-Problem entgegengelallt. Gottlob war der kommunistische Büttel nicht auf Ärger aus. Knapp und wohl auch ein wenig angeekelt verwies er die beiden angeschickerten Westbürger an eine Hotelbar mit Nachtlizenz, wo man die Barschaft anstandslos gegen vier Rumcocktails tauschte. Wir kippten das klebrige Gesöff hinunter und hetzten zurück zur Friedrichstraße, was bestimmt ziemlich dämlich aussah, denn wir hatten uns die verräterischen Bänder auf dem Herrenklo der Hotelbar unter die Socken geschoben. Zu unserer Erleichterung fiel das aber gar nicht auf. In der Schlange vor dem Grenzhaus konnte kaum noch einer gerade stehen. Die Grenzer würdigten den derangierten Abgang der freien Welt keines Blickes.

Krawczyk wurde kurz darauf verhaftet, wie man hörte, ziemlich schlecht behandelt und schließlich zur »freiwilligen Ausreise« genötigt. Unsere Bänder liefen wie geschmiert. Genau wie die Lieder des Barden. Ehrlich gesagt, fühlte ich mich nicht ganz wohl bei der Sache. Krawczyk auch nicht. Ich traf ihn nochmal während seiner triumphalen »Ausbürgerungstournee«. Der Mann war nicht dumm und ahnte, was kommen sollte. Nach dem Mauerfall ließen ihn die Medien fallen wir eine alte Kartoffel, obwohl er tapfer weiter sang und einen gar nicht so schlechten Roman geschrieben hat.

Ein Jahr später reiste ich im Schlepptau der Freundin ins Elbsandsteingebirge, um noch einmal, diesmal von höherer Warte aus, einen Blick auf die deutsch-deutsche Gemengelage zu werfen. Man schrieb 1990 und Christi Himmelfahrt und es wurde ein Trip ins Herz der Finsternis. Schon in Bad Schandau fanden wir kaum einen DDR-Bürger, der nüchtern war. Wo man hinsah komatöse Menschenhaufen. Frauen und Männer, Greise und halbe Kinder lagen am Straßenrand, säumten das Elbufer und türmten sich auf dem Gipfelweg zu Oxern unangenehm dunstenden Fleisches. Wer noch reden konnte lallte »Wir sind das Volk«, krähte zotiges Liedgut oder brüllte gleich »Heil Hitler«. Gefällt hatte sie eine urteutonische Melange aus patriotischer Hyperventilation, Vatertagsüberschwang und Alkoholabusus. Entsetzt drehten wir wieder um. Seither halte ich den Vereinigungsprozess für hochprozentig abgeschlossen.

# Die Wahrheit über Ragout Fin

*Heiko Werning*

Weihnachten stellte meine Mutter alljährlich auf eine harte Probe. Vor allem der Heiligabend hatte es in sich. Denn einerseits sollte hier etwas angemessen Festliches auf den Tisch, andererseits durfte es nicht zu viel Arbeit und erst recht keinen Dreck machen, schließlich war das Programm des Abends prall gefüllt, und selbstverständlich musste auch die Küche am Festtag strahlend sauber sein, selbst wenn niemand sie mehr betreten würde.

Und der entscheidende Unsicherheitsfaktor beim Einhalten des Stundenplans war die Messe. Das katholische Hochamt. Das dauerte gern mal anderthalb Stunden, und wenn Pfarrer Oberte sich in Rage predigte, auch länger. Vor allem gegen Ende seiner Amts- wie Lebenszeit neigte er zu endlosen Ausführungen, die selbst für die hartgesottensten Katholiken eine schwere Prüfung bedeuteten. Die einen meinten, der Achtzigjährige spürte wohl, dass ihm nicht mehr viel Zeit blieb, auf seine Schäfchen einzuwirken, und dass er eben noch eine Menge mitzuteilen hätte, jedes Jahr ein bisschen mehr. Die anderen glaubten, es sei einfach die Senilität, die ihren Tribut forderte, er habe halt allmählich den Bezug zu Zeit und Publikum verloren, schließlich würden seine Reden ja auch immer wirrer. Wobei ich sicher war, dass das niemand beurteilen konnte, denn keiner der Anwesenden im berstend vollen Kirchenschiff machte den Eindruck, als würde er Obertes Ausführungen auch nur länger als fünf Minuten folgen. Meine Mutter jedenfalls experimentierte mit Kurzgebratenem, dann mit Backofengerichten, die während des Hochamtes garten. Bis eines schließlich Opfer von Pfarrer Obertes Predigtexzessen wurde, sodass ein Strategiewechsel fällig wurde.

Eines Jahres berichteten die Nachbarn schließlich von etwas ganz Neuem, ganz Exquisitem. Es sollte unseren Heiligabend revolutionieren: Ragout Fin. Das Zeug galt als große Delikatesse, meine Mutter betonte stets, wie teuer es war, aber schließlich sei ja Weihnachten, da könne man sich das mal gönnen (außerdem gab es das bei den Westbrinks und Kolkhoffs jetzt auch). Mein Vater protestierte, ausgerechnet am Heiligabend etwas Ausländisches, das passte ihm gar nicht. Das sei französisch, klärte meine Mutter ihn auf, wohl auch, weil er es eher wie ein chinesisches Gericht aussprach – Ra Gu Feng –, und die Franzosen, die verstünden schließlich etwas von gutem Essen. Mein Vater murmelte »Froschfresser!«, gab aber letztlich auf, denn Weihnachten war die Situation ohnehin explosiv genug, er war klug genug, da nicht noch Feuer an die Lunte zu legen.

Und so kam also die Gourmet-Revolution vermeintlich aus dem fernen Frankreich Anfang der 80er auf die westfälischen Weihnachtstafeln, in kleinen Blätterteigpastetchen vom Metzger vorgefertigt, musste man nur aufwärmen. Mir schmeckte es ganz gut, außerdem ging es wirklich schnell und hielt nicht weiter auf. Einzig die mitgereichte Worchestersauce sagte mir überhaupt nicht zu, die fand ich eklig. Das wurde aber toleriert, solange man den Fleischschmand widerspruchslos vertilgte. Die neue Mode breitete sich wie ein Lauffeuer aus in Münster und hielt sich einige Jahre, ehe sie wieder in der Versenkung und das exotische Gericht damit vorläufig aus meinem Gedächtnis verschwand.

Erst viele Jahre später, nach meinem Umzug nach Berlin, erfuhr ich die Wahrheit über Ragout Fin. Erst war es mir gar nicht aufgefallen, aber Anfang der 90er gerieten wir, vier aus Westdeutschland zugezogene Neuberliner auf Paddeltour über die mecklenburgische Seenplatte, in ein für uns rätselhaftes Restaurant. Nach Aussagen der Einheimischen handelte es sich um die einzige Option, in dem Ort etwas zu essen zu bekommen. Ein riesiger Saal, merkwürdig kahl eingerichtet. Auch die Theke wirkte völlig überdimensioniert, und der Wandschmuck verriet, dass man hier zumindest keinen Grund gesehen hatte, einen radikalen Bruch mit dem kürzlich kollabierten System zu vollziehen. Drei Bedienstete standen in dem Laden herum und blickten uns missmutig an, als wir unbedarft eintraten und uns einen Tisch aussuchten. »Da geht nicht!«, fuhr uns ein mutmaßlicher Kellner an, nachdem wir uns hingesetzt hatten. Wir sahen uns erstaunt um. Wir waren die einzigen Gäste, und nichts deutete darauf hin, was an unserem Platz ungeeignet sein könnte. Aber die Atmosphäre gemahnte uns, eher defensiv aufzutreten, und so fragten wir vorsichtig, wo es denn genehm sei. Der Mann zeigte auf einen anderen Tisch, und achselzuckend zogen wir um.

Dann passierte erst einmal eine Zeit lang gar nichts. Es gab keine Musik vom Band, wir waren allein in dem großen Saal, nur die drei Bediensteten standen und guckten und taten nichts und sagten nichts. Uns wurde es etwas unheimlich zumute. Verkrampft versuchten wir, eine unverfängliche Unterhaltung zu simulieren, denn natürlich konnten die drei jedes Wort hören, es gab keine Hintergrundmusik. Sie reagierten weiterhin nicht. Schließlich nahm ich all meinen Mut zusammen, drehte mich um und fragte möglichst höflich, ob man zur Theke kommen solle, wenn man etwas bestellen wollte. »Nein, Sie werden bedient«, bestimmte der Kellner, aber erst einmal tat sich weiterhin nichts.

Wahrscheinlich waren es in Wirklichkeit nur wenige Augenblicke, aber uns kamen sie vor wie eine Ewigkeit, dann setzte sich plötzlich unvermittelt eine der Frauen von hinter der Theke in Bewegung, brachte uns vier Speisekarten und legte sie auf unseren Tisch. Dankbar nahmen wir sie, schlugen sie auf, wollten gerade das Angebot studieren, da sagte sie: »Es gibt Kartoffelsalat, Soljanka und Ragout Fin.« Das war ja ein überraschendes Wiedersehen – meine Heiligabend-Delikatesse, das exquisite, das feierliche, das fremdartige Ragout Fin. Mitten in diesem realsozialistischen Reservat im Nirgendwo, mitten im Sommer. Aber es wurde genau so serviert, wie ich es von Heiligabend kannte: im Pastetchen, dieselben merkwürdigen Fleischschnipsel in derselben undefinierbar schleimig-sämigen Sauce, dazu ein Fläschchen Worchestersauce. Ich war sprachlos.

Von da an, als der Blick einmal geschärft war, fiel es mir auf: In jeder noch so ranzigen Kneipe in Ostdeutschland oder Ostberlin stand es auf der Karte, unsere angeblich französische Weihnachtsdelikatesse. Manchmal als »Würzfleisch« eingedeutscht, hin und wieder sogar, ganz perfide, als »Steak aux four«, das ich mal aus blanker Neugier bestellte, ohne zu ahnen, worum es sich handelte. Und ich staunte nicht schlecht: Sie hatten einfach Ragout Fin über das Steak gegossen, Fleisch mit Fleischsauce mit Fleischstückchen sozusagen, auf die Idee muss man ja auch erst mal kommen.

Ich bin sicher: Hätten die Menschen in Westfalen geahnt, dass es sich bei Ragout Fin um eine Art Nationalgericht des bösen anderen deutschen Staates gehandelt hätte – niemals wäre es auf den Tisch gekommen, schon mal gar nicht an Weihnachten. Kommunistisches Essen auf der bürgerlichen Feiertagstafel – ein Grauen!

Heute vermute ich eine groß angelegte Verschwörung, eines dieser Geheimnisse des Kalten Krieges, die nie aufgeklärt wurden. Vermutlich hatte die DDR dieses Fleischabfallpüree erfunden, und, um Westdevisen ins Land zu bringen, einfach mit einem französisch klingenden Namen getarnt, um das Zeug dann über irgendwelche Deckfirmen nach Westdeutschland verkaufen zu können, wo man es als extrateure Delikatesse in den Handel brachte. Und die arglosen Westfalen freuten sich, dass sie etwas französische Lebensart in ihren nebelgrauen, nieseligen Landstrich gebracht hatten, während Honecker & Co. sich in ihren Jagdhäuschen in Wandlitz scheckig lachten und in irgendeinem Bitterfelder Chemiekombinat eine braune, merkwürdig schmeckende Flüssigkeit in kleine Flaschen gefüllt wurde, die mit einem fremdländisch klingenden Etikett beklebt wurden, ehe sie ihre lange Reise in den Westen antraten.

Als meine Mutter mich kürzlich anrief und fragte, was wir zu Weihnachten essen sollten, habe ich kurz gezögert. Dann überkam mich eine nostalgisch-morbide Anwandlung und ich schlug vor: »Ach, mach doch mal wieder Ragout Fin, so wie früher. Das ist doch auch so praktisch.«

# Schmeiß die Oma auf den Teller

*Hartmut El Kurdi*

Als freischaffender Theaterregisseur ist man oft auf Montage und lebt aus dem Rollköfferchen. So habe ich die letzten sieben Wochen in einem Gästezimmer des Volkstheaters Rostock verbracht, das intern »die Suite« genannt wird, weil es im Gegensatz zu den anderen Zimmern über ein Doppelbett verfügt. Gegen »die Suite« ist nichts zu sagen: sie ist günstig, man hat seine Ruhe, ein eigenes Waschbecken und ein Telefon. Und morgens kann man den Chirurgen im Krankenhaus gegenüber auf den OP-Tisch kucken. Um Details zu erkennen, bräuchte man allerdings ein Fernglas, womit man sich wahrscheinlich aber den Frühstückshunger verderben würde.

Gegessen habe ich übrigens ausschließlich in der Theaterkantine. Morgens, mittags und abends. Ich kenne einige Theaterkantinen und jede ist ein bizarres Erlebnis für sich, aber die Rostocker Kantine bedeutete für mich unwissenden Westler Exotik pur, da man mich hier liebevoll und gnadenlos mit der ganzen Bandbreite der DDR-Kulinarik bekannt gemacht hat.

So stand neulich »Jägerschnitzel« auf der Karte und ich erwartete, wie ich es aus tausend schmierigen Autobahnraststätten kannte, ein fies frittiertes Schweineschnitzel mit gallertartiger Tütenpilzsoße. Was mir aber Waltraud, die von allen zu Recht verehrte Rostocker Kantinengöttin auf den Teller legte, war etwas paniertes Rundes. Da ich mich grundsätzlich nicht sofort beschwere, sondern gerne mal überraschen lasse, sagte ich nichts. Vielleicht stand da ja ein Geometriefreund in der Küche und schnitt mit einer großen Fleischschere die unförmig in alle Richtungen lappenden Schnitzel schön kreisförmig. Weil er es so ästhetischer findet. Oder man war hier im Besitz einer jener womöglich sagenumwobenen »Rundschnitzelstanzen«, deren Existenz mir einfach nur noch nicht zu Ohren gekommen war. Und wer wollte angesichts einer solchen brillanten Erfindung doof rummaulen?

Ich setzte mich zu Herrn Donat, seines Zeichens Schauspieler und Exil-Berliner und seit zwei Jahrzehnten am Volkstheater Rostock engagiert, und begann zu essen. Irgendwann wurde ich nachdenklich: »Sachma, kann das sein, dass das Jägerschnitzel eine dicke Scheibe Wurst ist?«

»Watt'n sonst?«, antwortete Herr Donat. »Ditt is 'ne panierte Scheibe Jagdwurst. Jägerschnitzel eben.« Er tat unschuldig, aber seinen belustigt blitzenden Augen konnte ich ansehen, dass er sehr wohl den Grund meiner Verwirrung kannte. Ich nickte und kaute weiter. Warum auch nicht? Vom Prinzip her war das »Jägerschnitzel« nichts anderes als warmer »Leberkäse«. Und der hat ja auch weder was mit Leber noch mit Käse zu tun.

Herr Coenen, ein ehemals Braunschweiger Schauspieler, der damals in Eisenach engagiert war, machte eine ähnliche Erfahrung. Nur beging er den Fehler, an der Eisenacher Kantinentheke darauf zu bestehen, dass »das Runde da« kein Jägerschnitzel sei, was bei der dortigen Belegschaft nicht gut ankam. Als er dann auch noch »Letscho« freundlich ironisch als »Oh Letscho, die Antipasti des Ostens« bezeichnete, bekam er nach eigener Aussage den »arroganter Wessi«-Stempel auf die Stirn, was in seinem Fall eigentlich nicht fair ist. Aber so kann's kommen.

Zurück in die Rostocker Kantine: Ein anderes Mal bestellte ich dort »Grützwurst«. Ich bekam einen Teller mit Kartoffeln, Sauerkraut und einem rötlich-braunen Wurstbrei. Als ich mich setzte, nickte mir Herr Hückler wissend zu. Herr Hückler ist der für mich zuständige Dramaturg und somit verpflichtet, mir die Welt zu erklären.

»Sieht ja nicht gut aus, die alte Dame«, sagte er. Ich schaute mich um. Welche Dame meinte er?

»Da auf deinem Teller«, sagte er und zeigte auf die Grützwurst, »das nennt man ›Tote Oma‹, das gibt's auch ohne Blutanteil, dann ist die Oma grau.«

Ein wenig kam es mir so vor, als wolle er mich damit schockieren. Aber als aufgewachsener Nordhesse, also als jemand, der aus der Heimat Armin Meiwes stammt, kenne ich diesbezüglich keinen Schmerz. Da isst man auch Omas.

Zwei Tage nach meiner ersten Grützwurstbegegnung verkündeten übrigens Frau Czesienski und Frau Schall, beide ebenfalls gelernte DDR-Bürgerinnen, in ihrem Umfeld sei die »Tote Oma« unter dem Pseudonym »Verkehrsunfall« serviert worden. Und ehrlich gesagt, beim Blick auf den Teller mag man gar nicht entscheiden, welcher Name der treffendere ist.

# The Cure – A Forest

## Auf der Flucht

*Jenni Zylka*

Mein erster persönlicher Ostkontakt fand gegen Weihnachten 1983 statt. Ein Bekannter hatte mir die Adresse eines potentiellen Brieffreunds vermittelt, Frank aus Königs Wusterhausen, der »in meinem Alter« und »auf der gleichen Wellenlänge« sein sollte, und ich schrieb ihm einen ersten kurzen Brief.

Frank antwortete schnell, wir stellten fest, dass für uns beide The Cure die beste Band der ganzen Welt war, mit der wir aus unterschiedlichen Gründen ansonsten ziemlich fertig waren. Was wiederum zur The Cure-Musik ganz gut passte. Frank schrieb, dass es The Cure noch nicht auf Amiga gäbe, und er darum Schwierigkeiten bei der Musikbeschaffung habe, aber dass Musik ihm das Gefühl gäbe, an der Welt zu partizipieren. Ich schrieb, dass ich gerade ein Bootleg von ihnen aus London (!) gekauft hatte, bei einem ominösen Mann, der Cassettenbootlegs aus einem Bauchladen verkaufte, und dass die Cassette zum Umbringen schön sei, ich mich also quasi nur noch nicht umbrachte, weil ich ja die Cassette weiterhin hören wollte. Frank verstand das, und schrieb mir etwas über die Rolling Stones zurück, die er auch ganz gut fand, immerhin gab es die schon auf Amiga. Ich nahm die Cure-Cassette für ihn auf, schrieb »Puhdys« auf die Hülle, schickte sie nach Königs Wusterhausen, und wunderte mich gar nicht, dass Frank weiterhin schrieb: Selbst wenn der Staatsschutz mein Care-Paket geöffnet und die Cassette angehört hätte – niemand hätte das mithilfe eines Mikrophons und eines Cassettenrecorders überspielte, ohnehin mau klingende Live-Bootleg von The Cure von einer Puhdys-Platte unterscheiden können. Nicht mal Frank, vermutlich.

Frank schrieb, dass er in einer Fabrik arbeitete, ich schrieb ihm, dass die Schule nervte, meine Eltern aber noch mehr, und dass ich mir ein »The Cramps«-Plakat gekauft hatte, die würden zwar leider nicht so traurig sein wie Robert Smith, aber immerhin spielte eine Frau mit. Nach fast einem Jahr fragte Frank nach einem Foto, und ich schicke ihm eins, auf dem ich – wie ich fand – aussah wie Terry Hall, der Sänger von den Specials, nur eben mit Brille, aber die gleichen Haare. Und dann schickte mir Frank ebenfalls ein Foto von sich. Vielleicht war es aber auch eines von seinem Vater, oder dem dicksten Vokuhila-Bauarbeiter, den er in Königs Wusterhausen finden konnte. Er trug ein verwaschenes The Cure-T-Shirt, mit dem Cover meiner Lieblings-Maxi-Single »A forest«. Danach hörte ich auf, ihm zu schreiben, und als ich 1988 nach Berlin zog, war ich heilfroh, dass die Stadt von einer Mauer eingeschlossen war, so dass Frank nicht herauskommen und mich holen konnte.

Das änderte sich 1989. An den ersten Tagen nach Mauerfall, als ich beim Fahrradfahren alle 30 Sekunden fast in Menschen hineinfuhr, die staunend auf den Fahrradwegen standen und Stoffbeutel schwenkten, sah ich in jedem, dicken Vokuhila-Menschen Frank, und war nur froh, dass ich inzwischen Kontaktlinsen und eine – wie ich fand – schicke Emma-Peel-Frisur hatte. Trotzdem war ich nicht ganz sicher, ob Frank mich vielleicht ausfindig machen konnte, schließlich war Königs Wusterhausen nicht weit weg, und ich stand im »Das Örtliche L-Z« und hatte einen ausgefallenen Namen. Als zwei Wochen nach Mauerfall jemand anrief, der angeblich meine Anzeige im tip gelesen hatte – ich wollte die Boxen meiner alten Jugendzimmer-Kompaktanlage verkaufen, zwei aus beklebten, braunen Spanplatten bestehende 10-Watt-Kartons –, schöpfte ich noch keinen Verdacht. Außerdem brauchte ich Geld, und so ließ ich den anonymen Anrufer in meine Wohnung.

Er war ein bisschen älter als ich, ziemlich dick, und erst, als ich ihn länger reden hörte, wurde mir etwas mulmig. Mit starkem Ost-Dialekt begann er, meine Boxen zu loben. 10 Watt? Urst jeil! 100 DM für beide? Hatte er zufällig gerade bekommen. Ich beeilte mich, ihn aus der Wohnung herauszukomplementieren, und heuchelte ein Treffen mit einem angeblichen Freund vor. Draußen gab er mir zum Abschied die Hand, sagte »Übrijens: Der Maik«, und dass er froh sei, so tolle West-Boxen gekauft zu haben, schließlich wüsste man ja nicht, ob sie die Mauer vielleicht wieder zumachen würden... Ich schämte mich ein bisschen, war aber erleichtert, aus der Nummer herausgekommen zu sein, und ging das Geld versaufen.

Dann vergass ich Frank, bis ich im Sommer 1991 mit meinem alten Freund Andreas in den Spreewald fuhr. Wir fanden Unterschlupf in einer kleinen Pension in der Nähe eines Campingplatzes, und freuten uns über die studentenfreundlichen Bierpreise und die vielen großen Brisoletten. Wir mieteten uns für ein paar Pfennige ein Boot, und ruderten auf einen der vielen Seen hinaus. Plötzlich verdunkelte sich der Himmel, ein starker Wind kam auf, und das Boot begann zu schaukeln. Andreas und ich schafften es nicht mehr, zurück zum Ufer zu rudern, stattdessen wurden wir in ein Schilfgebiet getrieben, erlitten dort Schiffbruch und mussten das Boot zurücklassen. Wir wateten ans Ufer, und fanden uns in einem dunklen Wald wieder.

Nach einer Weile Klettern im Unterholz erreichten wir einen kleinen Pfad, und nass und schweigend stapften wir in die Richtung, von der wir unsere Pension und den zugänglichen kleinen Bootshafen vermuteten. Als der Pfad an einem Zaun aufhörte, entschieden wir, hinüber zu steigen, und hörten bald das Geräusch von sich unterhaltenden Menschen. Erleichtert gingen wir schneller, bis wir auf eine Lichtung kamen, an deren Rand einige Zelte und Campingwagen standen. An einer Seite war eine Kegelbahn in den Waldboden gebaut, an der ein paar Männer und Frauen Kugeln schoben, in der Mitte stand ein länglicher Holztisch mit Überdachung. Sieben Männer und zwei Frauen saßen um den Tisch herum und tranken Pritzwalker Pils. Alle, auch die Kegelspieler, waren nackt. Keiner wog unter

90 Kilo, keiner war unter 40 Jahre alt. Andreas und ich stolperten aus dem Gebüsch und blieben in der Mitte des Platzes stehen. Die Kegelspieler hörten auf zu kegeln, die Biertrinker drehten ihre dicken Nacken zu uns um.

»Det jibs nicht. Wat wolln denn die twee Jestalten?« fragte eine Stimme. »Ausziehen, aba schnelle!« rief eine andere. Andreas und ich blinzelten. »Frank, gomma!« rief eine Frau. Dann stand plötzlich ein Mann vor uns. Er war noch dicker als die anderen, trug eine Vokuhila-Frisur, ein paar Holzlatschen an den hornigen Füßen, und ein T-Shirt, das kurz über seinem nach außen gestülpten, von krausen, schweissnassen Haaren umringelten Bauchnabel endete. Darunter nichts. Ich guckte an ihm hoch. Auf dem T-Shirt erkannte ich einen verwaschenen Schriftzug über drei dunklen Silhuetten. »The Cure – A forest« stand darüber. Ich packte Andreas, und lief los. »Heee!!!« donnerte Franks Stimme uns nach. »Heeeee!! Was solln det??!! Schpinndihr?!!?«

Andreas und ich fanden unseren Campingplatz wieder, er war ungefähr zwei Kilometer von dem Nacktbadestrand entfernt. Zwei Kilometer, die wir um unser Leben rennend zurücklegten. Ich überzeugte Andreas, noch am selben Abend nach Hause zu fahren. Ich hatte Angst, dass Frank mich suchen würde. In Berlin angekommen, änderte ich meinen Namen und mein Aussehen. Ich trage jetzt eine – wie ich finde – sehr kleidsame buddhistische Mönchsfrisur und bewege mich nur noch selten außerhalb meiner Wohnung. Aber glücklicherweise habe ich ja noch Musik, die mich an der Welt partizipieren lässt.

# Das Haus
# des Schreckens

*Hans Zippert*

Im Jahre 1992 reisten zwei Redakteure der Zeitschrift *Titanic* durch Ostdeutschland. Der eine war ich, der andere, der nicht ich war, hieß damals Christian Schmidt. Wir hatten einen Auftrag, er lautete: Vorlesen! Die Ex-DDR-Bürger waren geizig und anstatt sich die fehlenden zehn *Titanic*-Jahrgänge von 1979 bis zur Befreiung 1989 zu kaufen, wollten sie sich das ganze lieber vorlesen lassen. Die Vorleser waren wir. Das Honorar wurde in Höhe des landesüblichen Begrüßungsgeldes festgelegt, für den Rest mussten wir sorgen. Wir kamen im eigenen Auto, mit eigener Kleidung. Einer von uns hatte sogar noch eigene Haare und beide von uns hatten eigene Texte. Wir lernten Städte kennen, wie es sie nur im Osten gibt, mit Namen wie Jena, Weimar, Halle, Erfurt, Leipzig oder Plauen. In Jena lasen wir zweimal vor, weil dort die Menschen besonders begriffsstutzig waren. Nachts wurden wir in total verwanzten Schrankwänden einquartiert, die aus 100% Schadstoffen bestanden. Nach jeder Lesung fragten uns die Veranstalter: »Wie kommt man eigentlich an diesen Max Goldt ran?«

Grundsätzlich muss man sagen, dass die Lesereise ein Erfolg war. Wir verkauften drei Poster und verschenkten 300 alte Hefte. Besonders enthusiastisch war das Publikum in Plauen. Der Veranstaltungsort, das Malzhaus, platzte, wie man so sagt, aus allen Nähten, und das war wohl der Grund, warum man uns im nächsten Jahr wieder nach Plauen einlud. Die Veranstalter hatten auf Werbung verzichtet, weil ja beim letzten Mal alles so toll gelaufen war. Diesmal kamen nur dreiundzwanzig Zuhörer. Sie lachten kaum, weder an Stellen, die wir für Lacher vorgesehen hatten, noch an den Stellen, wo wir mit verstellten Stimmen arbeiteten, was sonst jeder komisch findet. Nur als der Dia-Projektor runterfiel, stellte sich eine gewisse Heiterkeit ein. Die Hälfte der Zuschauer ging noch vor Ende der Show, der Rest unterhielt sich oder blätterte in alten *Focus*-Ausgaben.

Nach der Lesung kam eine Frau auf uns zu und wollte wissen, ob Max Goldt auch Autogrammkarten verschickt. Die Veranstalter würdigten uns erst keines Blickes, feilschten dann länger um das Honorar, schließlich waren wir ja schuld, dass nur so wenig Leute gekommen waren. Wir einigten uns darauf, dass wir die Anreise, den Strom, die Getränke der Gäste und den Hausmeister bezahlten und sie den Rest.

Als wir auf das Thema Übernachtung zu sprechen kamen, brach eine gewisse Unruhe aus. Hektisch liefen zwei Mitarbeiter durch die Räume und suchten nach »dem Schlüssel«. Es hieß, »die Uschi« würde uns »hinbringen«. Die Uschi seufzte. Wir boten an, man solle uns die Schlüssel geben und die Adresse nennen, wir würden da schon allein hinkommen. Das ging aber nicht, weil es »sehr schwer« zu finden sei. Also folgten wir dem Mitsubishi von Uschi. Wir durchquerten Plauen mehrmals, verließen die Stadt irgendwann in möglicherweise nordwestlicher Richtung und bogen nach zehn Minuten überraschend in einen Waldweg ein. Die Straße war zunächst noch asphaltiert, wurde aber zunehmend holpriger und war am Ende nur noch ein etwas breiterer Wanderweg. Es war stockdunkel und wir fuhren immer tiefer in den Wald, immer hinter Uschi her. Nach sehr langer Zeit, wir mussten die tschechische Grenze längst überquert haben, hielten wir vor einem unbeleuchteten Haus an. Uschi schloss auf, fuhrwerkte an einer Art Sicherungskasten herum und wir standen im gleißenden Licht einer 10-Watt-Birne. Oben seien die Schlafräume, da könnten wir uns »was aussuchen« und morgen käme dann jemand mit Frühstück. Weg war sie.

Wir holten unsere Schlafsäcke aus dem Auto und suchten nach irgendetwas bettähnlichem. Das Haus wurde mit einer Art Superschwachstrom versorgt, teilweise auch Negativstrom, wenn man das Licht anmachte schien es oft noch dunkler zu werden. Zweifellos eine DDR-Erfindung. Es roch alt, staubig und nach Unterdrückung, aber im ersten Stock gab es tatsächlich zwei vor wenigen Monaten frisch bezogene Betten, vom Typ Vorkriegsjugendherberge. Wir befanden uns am einsamsten Ort, den das Vogtland zu bieten hatte, wenn wir überhaupt noch im Vogtland waren. Der Wald lag schwarz und schweigend, Wiesen gab es nicht, deshalb auch keinen weißen Nebel. Doch der Wald schwieg nicht lange, Käuzchen riefen, irgendjemand bellte heiser und es raschelte rund um des Haus. Dass wir die Nacht nicht überleben würden, war gut vorstellbar. Das Haus gab merkwürdige Geräusche von sich, Dielen knackten, alte Wasserleitungen seufzten und das Deckenlicht flackerte. Irgendwann begriffen wir, man hatte uns zur Strafe für den verpatzten Auftritt in ein ehemaliges Folterheim der Stasi eingeliefert. Ein Jahr zuvor, als wir den Saal noch füllten, durften wir in einer netten Pension in Syrau übernachten, doch dafür waren wir diesmal zu schlecht gewesen.

Wir schliefen nicht gerade beruhigt ein. Mitten in der Nacht wurden wir von maskierten Männern in FdJ-Uniformen geweckt. Man zwang uns, über glühende Marx-Engels-Gesamtausgaben zu laufen, dann mußten wir eine Verpflichtungserklärung unterschreiben und wurden auf die Namen IM Gänsefleisch und IM Seppelfricke getauft. Ärzte mit riesigen Spritzen verabreichten uns verschiedenfarbige Dopingmittel und Wahrheitsdrogen, dann mussten wir uns ausziehen und man tätowierte uns die Worte »Lesen – Handeln – Die Welt verändern« auf den Rücken. Wir erwachten von einem lauten Knall. Die Haustür war ins Schloss gefallen, ein Auto wurde angelassen und entfernte sich rasch. Wir rannten nach unten. Neben der Eingangstür stand ein Tablett auf dem Boden mit Kaffee und belegten Brötchen, sowie Bananen und Nylonstrümpfen. Wir tranken den Kaffee und aßen die Nylonstrümpfe. Dann durchsuchten wir das Haus, weil die Uschi ja gesagt hatte, wir könnten uns »was aussuchen«, fanden ein paar Propagandaflugblätter, die Akropolis als Schnittmusterbogen, einen Medizinball und eine Kiste mit Medaillen auf denen stand: »Höher schneller weiter«.

Wir warfen alles in den Kofferraum und verließen fluchtartig das Haus des Schreckens. Es dauerte Stunden, bis wir wieder aus dem Wald heraus waren. Als wir in Frankfurt (am Main!) ankamen, erkannte uns keiner mehr. Wir waren um 40 Jahre gealtert und redeten nur noch wirres Zeug. Zum Glück war das damals gerade gefragt und wir kamen wenigstens finanziell ganz gut über die Runden.

# Lemmys Fahrradcenter in Magdeburg-Olvenstedt und der Raffke vom Romantikhotel Wippertal zu Ilberstedt-Bernburg

## Oder: Zwei Menschen in den fünf neuen Ländern, wie sie verschiedener nicht sein können

*Horst Tomayer*

*In memoriam Michael Rudolf*

## I.

Ich darf, mit Verlaub, aus meinem »Ehrlichen Tagebuch« in der Zeitschrift *Konkret* vom September 2007 zitieren:

> »Zu einer Trauerzeremonie kann man anreisen per pedes, mit Auto, Eisenbahn, Flieger, Schiff oder gar nicht. Ich reise zu Michl Rudolfs Grablegung mim Radl an, weil man sich hiebei, dem Trauerzeremoniendruck entgegenwirkend, soo schön erschöpfen kann. Also: Montag, 6. August, ab in der Früh. Nächtigung nach 185 km in Gardelegen. Dann (190 km) nach Merseburg (merßi,

lieber Ingo Lehmbruch, Betreiber von ›Lemmys Fahrradcenter‹ in Magdeburg-Olvenstedt, daß Du den mir seit den Hitzackerbergen auf den Tinnitus gehenden Tretlagerschaden a) ruckzuck, sowie b) zu Vorkriegspreisen behobest.)«

- - - Ja, nach Greiz wars noch eine geraume Weile, und bei jedem zweiten, dritten Tritt hatte ich das der Tropfenfolter verwandte Geknacke unter mir, und wollte dies aber nicht länger mehr leiden, und hielt deswegen inne, im Magdeburger Weichbereich, und fragte mich durch von einem Passanten zum andern, nach einem Fahrradhandel mit Reparaturanschluß, und wurde endlich fündig, und traf auf Ingo Lehmbruch, den DDR-Jugendrennradler (und, nach der Kerzenrevolution, Teilnehmer bei den Hamburger Cyclassics), und der nun, wiewohl verstrickt in epische Beratungsgespräche mit unter Umständen eventueller Kundschaft, machte mir, nebenbei plus topperfekt den Karren derart intakt, daß ees weiter zu gehen vermochte in butterfahrtrundestem Tritt. Für mich wird sich, seit der Urbeurteilung Ingo Lehmbruchs als eines der menschlich wie fachmenschlich führendsten Schrauber in den fünf neuen Ländern / Nichts ändern //

II.

Ein Jahr und einen Tag nach der Fahrradfernfahrt Hamburg/Greiz zu Michls Grablegung begab ich mich mit der himmelblauen Vespa auf den Weg nach Greiz (und weiter nach Bayern), im

Stauraum unter der Sitzbank mitführend einen hallenhandballgroßen Riesenbovist, einen von Michl mir als verzehrbar (Schnitzel, Ei, Panage) geschilderten Fungus, den ich als lieben Gruß auf seinem Grab abzulegen gedachte. Wie nun der Abend sich auftat über meinen verspannten Schultern, suchte ich die Herberge auf, und zufolgedessen gebar ich das Motiv / Für den am 22.08.08 in meinem Gartenhäuschen am Amperstrand geschriebnen Brief //

Tourismusverband Sachsen-Anhalt:
Fax 0391 7384302

Verehrte Frau Stöckigt,
als ich am Abend des 07.08.08 im »Wippertal«, dem »Hotel vor den Toren Bernburgs« eine EZ-Übernachtung buchte, verwunderte mich, daß mir der Geschäftsführer des Objektes den Doppelzimmerpreis abverlangte. Doch perfekt komplex war ich, als er für den Unterstand meines VespaRollers (49 ccm) zwanzig Euro haben wollte. Mich vor mir selbst als levantinischen Feilscher ekelnd erreichte ich schließlich, daß der Mensch sich mit der Hälfte begnügte, für den halben Quadratmeter in der Abstelle für Fahrräder von Bediensteten. Verehrte Frau Stöckigt: Ich zeige hiemit / Diesen Mann / Des Deliktes der Beutel / Schneiderei an // Weisen Sie ihn zurecht! Was für eine erbärmliche Abgreife ist das, einem Rollerfahrer aus den alten Ländern, der, unter Verzicht auf das Frühstück, neben dem DZ-Preis für eine EZ-Benutzung, auch noch sich des Verzehres

eines Bernburger Zwiebelfleisches, einer grünen Salatmischung, sowie fünf 0,3-Wernesgrüner Bieren befleißigt, d e r a r t schääbig auszunehmen. Für Ihre edukatorische Intervention bei diesem unter dem verpflichtenden Motto »Wippertal, die vergessene Romantik« diensttuenden Raffke danke ich im Vorabbereich. Freundlichen Gruß, Ihr

H.T.

Bärbel Pieper, die Mitarbeiterin Frau Stöckigts im Tourismusverband Sachsen-Anhalt, schrieb daraufhin an den Manager des Hotels, den »Sehr geehrten Herrn Beier«, unter anderem: »Ich möchte jedoch anmerken, daß die Parkgebühr für einen Roller in Ihrem Hause den Tiefgaragenplatz renommierter Häuser im Zentrum Berlins bei weitem übertrifft«. Und: Er möge doch die Gelegenheit nutzen, bei einem demnächst stattfindenden zweitägigen Seminar, das »Impulse für innerbetriebliche Verbesserungsprozesse der Servicequalität« verleihe, teilzunehmen. Was aber tat der Getadelte hiedrauf? Auf meinem Faxbrief an den Tourismusverband notierte er handschriftlich:

»Der ›Herr‹ hatte ein DZ in Einzelbelegung und einen Stellplatz in einer abgeschlossenen, alarmgesicherten Garage. Ich habe dieses Schreiben gelesen und zur Kenntnis genommen. Den Raffke nehme ich mal so hin ... Sie wissen selbst wie schnell ein Arsch man ist.« Paraphe: Be.

## III.

Aaaah, grad jetzt, am 31.08. um 13 Uhr 59, krieg ich vom Wippertal-Hotel auf meine Fax-Anfrage, was der Ruheraum für den Roller akuterweise koste, die Auskunft: 11,50 Euro pro Tag.

Ein Buch wie dieses hier ist keine Zeitung. Leserbriefe? Unmöööglich! Und dennoch, verehrter Leser, liebste Leserin: Soll ich an dem Vespagaragenthema c/o Hotelbeitrittsgebiet dranbleiben? Ach MitmenschIn, lasses mich um Himmelswillen wie auch immer bittschönbittschönbittschön wissenwissenwissen. Herzmerci im Vorabbereich.

Dein im Kriege verschüttet gewesener Hotte T.

# Zur Unterschätzung Asiens

*Rayk Wieland*

## I

Wenn ich auch der DDR in vielerlei Hinsicht nachtrauere und ihr Andenken bei allem gebotenen Einerseits und Andrerseits in Ehren halte, so werde ich ihr eins nicht verzeihen: ihr Ende. Jahrzehntelang hatte mich die Mauer vor den Albernheiten der Freiheit bewahrt. Nun war ich ihnen preisgegeben. Unzählige Entscheidungen mit unabsehbaren Folgen mußten getroffen werden. Gab es in der DDR nur ca. fünf Zeitungen und Zeitschriften, deren Lektüre erwogen und in der Regel für überflüssig befunden werden konnte, standen jetzt Hunderte von Publikationen mit eminent brisanten und sich teilweise widersprechenden Enthüllungen parat. Konnte man früher sich zehn Jahre Zeit lassen, um in Ruhe die Farbe des Autos zu eruieren, das man eventuell zugeteilt bekäme, waren mit einem Schlag Hekatomben von Optionen und Offerten, Versicherungspaketen und Finanzierungsmodellen, Steuervarianten und Abschreibemodi zu sondieren und auf 15 Stellen hinterm Komma auszurechnen. Alle Bereiche des Lebens wurden einem besinnungslosen Entscheidungsfuror unterworfen. Schutzlos

sah man sich einer Phalanx von 150 Zahnpasta-
orten gegenüber. Perplex studierte man vorm
Kondomautomaten das Kleingedruckte. Kein
Volkspolizist nahm einen hilfreich bei der Hand,
kein Politkader sprach richtungsweisende Verbo-
te aus, und kein Stasioffizier unterband die Zur-
kenntnisnahme schädlicher Bücher. Was ist der
»Archipel Gulag« gegen den Otto-Katalog? Was
ein Jahr Bautzen gegen eine Stunde Kaufhof?
Was ein Parteitag mit ewigen Wahrheiten gegen
ein Reisebüro mit Lastminute-Angeboten?

Ausgerechnet aber diese eine Entscheidung
zwischen einem kommoden Leben unter der pro-
letarischen Knute und einer rastlosen Schnäpp-
chenexistenz ohne Sinnkompaß sollte nach dem
Fall der Mauer nicht mehr ohne weiteres zu fällen sein. Die Wahl, die ich zunächst zu treffen
hatte, war eine eher praktische. Würde ich mich
dem Hammelherdenhaufen meiner Mitbürger an-
schließen, die wie nicht ganz bei Trost die Grenze
überschritten, um Begrüßungsgeld einzustrei-
chen? Das kam selbstverständlich nicht in Frage.
Würde ich die Kohle stattdessen dem westdeutschen Ausbeuterstaat in den Rachen werfen? Das
konnte ich auch nicht verantworten. Also schlich
ich nach ein paar Tagen Schamfrist in den Westen und enteignete das dort ansässige Finanz-
kapital um 100 Mark. Ich war reich. Ich konnte
jetzt, wenn ich das Geld in DDR-Mark zurück-
tauschte, ein paar Monate Urlaub an der Ostsee
machen. Oder ich konnte dafür auf dem Floh-
markt ein Paar gebrauchte Puma-Knöchelturnschuhe kaufen. Ich hatte entweder zwei DDR-
Jahresmieten in der Tasche oder fünf Stunden in
Franks Billardsalon in Kreuzberg. Alternativen,

die surrealistischen Seancen entsprungen zu sein schienen – aber wie sie entscheiden?

## II

Ich wurde Gourmet. Direkt neben der Bank befand sich ein Dönerstand, dessen Versuchungen ich, ungeachtet meines Widervereinigungs-Stoizismus, sofort erlag. Ich biß in die Hammelfleischfetzen, schlabberte an Tzazikisoße, ließ Zwiebel-, Kraut- und Tomatenstücke in meinem Mund rochieren und dachte: »Ah, so also läßt sich's leben! Und diese Köstlichkeiten wollten sie uns vorenthalten! Deshalb die Mauer, um uns von den Dönerständen abzuschirmen.« Während ich den zweiten Döner nachorderte, gelobte ich, von nun an jeden Tag zum Döner greifen zu wollen. »40 Jahre erzwungene Dönerabstinenz sind genug«, murmelte ich mit ölig überglänztem Kinn vor mich hin. »Ein Leben ohne Döner, das wäre ja noch schöner.« In einer Hand den Batzen aus Teig, Fleisch und Würzpampe balancierend, nahm ich unversehens eine weltmännische Positur ein und schickte mich an, einem imaginären Auditorium eine kleine Ansprache zuteil werden zu lassen. »Ja, man hatte Asien unterschätzt. Speziell die Spezialitäten des Vorderen Orients. Oder war's der hintere? Egal. Zweifellos aber ist die asiatische Küche dem Kommunismus turmhoch überlegen. Einerseits ist es natürlich Folter, ein Verbrechen, Menschen durch den Bau einer Mauer den Genuß der asiatischen Küche, vor allem den des Döners, vorzuenthalten. Andrerseits ist es illusorisch, anzunehmen, den Siegeszug der asiatischen Küche in Gestalt von Dönerbuden mittels von Küchengerüchen spielend zu überschwebenden Mauern aufhalten zu wollen, wie die Geschichte gezeigt hat...« So redete ich in Gedanken und ließ mir für den »dritten Weg« einen dritten Döner einpacken.

Nie werde ich vergessen, was geschah, als ich einmal eine Tüte Sauerkraut gekauft hatte, die ich im Auto eines Freundes zu verzehren gedachte. Die Tüte war aus Papier, durch das schon nach erstaunlich kurzer Zeit der Sauerkrautsaft zu sintern begann. Um Pfützen auf der Hose zu vermeiden, kurbelte ich die Scheibe herunter und hielt die tropfende Tüte aus dem Seitenfenster. Wir fuhren gerade auf der Autobahn. Der Fahrtwind blies turbinenstark ins Wageninnere und erzeugte ohne Umschweife einen tosenden Sauerkrautwirbelsturm in dem Auto, der sämtliche Armaturen, Sitze, Scheiben und Insassen in einen dichten Sauerkrautteppich einhüllte. Das Auto, das hinter uns fuhr, war ein Polizeiwagen, der ebenfalls in ein heftiges Sauerkrautgewitter geriet. Die Beamten gaben Gas und überholten uns sehr langsam, wobei sie uns mit ethnologischem Interesse musterten, während wir steif und starr nach vorn blickten, als hätten wir von dem wilden Sauerkrautgeschehen um uns herum nichts mitbekommen.


III


So ähnlich wie damals, übersät mit Krautspänen, zudem besprenkelt mit Soßenresten und Fettschlieren, mußte ich ausgesehen haben, nachdem ich den dritten Döner verzehrt und einen Intershop betreten hatte, in dem ich meine kulinarische Aufholjagd fortzusetzen beabsichtigte. »Wenn schon Gourmet«, dachte ich und rieb mein Kinn am Mantelkragen, »dann richtig Gourmet, dann bitteschön nouvelle cuisine. Jetzt wird geschlemmt, auf hohem Niveau.«

Als erstes war, wie ich zu wissen meinte, die Weinfrage zu klären. In der Küche eines Bekannten hatte ich einmal ein »Kröver Nacktarsch«-Etikett entdeckt, das mir sowohl in seiner ästhetischen Anmutung als auch im plebejischen Gestus einen Spitzenwein, ja, ein Spitzengewächs anzuzeigen schien. Wie meine Verzückung beschreiben, als ich im Regal des Intershops tatsächlich ein paar »Kröver Nacktarsch«-Bouteillen erblickte? Und wie meine Fassungslosigkeit, als ich realisierte, daß dieses Jahrhundertgesöff für nur 2,99 zu haben sein sollte? Das mußte ein Irrtum sein. Ich war ratlos. Mein Weltsystem, die Resultate meines Studiums der abendländischen Philosophie, 40 Jahre Indoktrination kommunistischer Ideologie zerbarsten unter dem Anblick eines Preisschilds. Ich suchte nach Erklärungen. Könnte es sein, begann ich zu analysieren, daß nur sehr wenige Feinschmecker und Gourmets, zu denen ich mich mittlerweile rechnen mußte, die Fähigkeit besaßen, den Geschmack dieses erlesenen Weines zu erkennen und zu goutieren? Daß die Mehrheit, ja die große Masse der Weinkäufer deshalb um ihn einen großen Bogen machten? Oder ist der Wein womöglich so billig, damit die nur nach dem Preis schielenden, ansonsten aber ahnungslosen Prestigekäufer abgeschreckt werden? So oder so ähnlich mußte es sich zweifellos verhalten. Ich aber, als angehender Gourmet, ließ mich davon nicht beeindrucken. »Drei Flaschen ›Kröver Nacktarsch‹ bitte!«, bestellte ich mit der Mine dessen, der nicht vermeiden kann, als unkonventioneller Millionär erkannt zu werden. »8,97«, zwitscherte die Kassentipse und musterte mich mit dem Blick der von Sozialneid Zerfressenen.

Für den späteren Abend noch eine Kleinigkeit zum Essen, eine Lukullität zum Speisen, dachte ich und hielt Ausschau. Ich weiß nicht, wie lange es dauerte, bis meine Augen an einem faszinierenden Schriftzug hängen blieben: »Französische Zwiebelsuppe«. Nur mühsam konnte ich aufsteigende Triumphgefühle unterdrücken. »Französische Zwiebelsuppe« – hier, im Intershop? Ich untersuchte die kleine Maggitüte wie eine Fälschung, vermochte aber nichts Verdächtiges zu entdecken. »Französische Zwiebelsuppe« – nicht zu fassen! Aus der DDR waren mir lediglich drei Suppensorten bekannt: Soljanka, Kraftbrühe mit Eierstich und Ochsenschwanzsuppe. Ich kannte einen Diplomaten, der mal »Französische Zwiebelsuppe« gegessen hatte und mir davon wie von einer Nobelpreisverleihung berichtet hatte. Wasser sammelte sich im Munde. Sollten mir tatsächlich binnen eines einzigen Tages das Highlight der asiatischen Küche, die Krone der deutschen Weinzunft und die Spitze der französischen Kochkunst kredenzt werden? Offenbar ja. Ich bestellte die Tütensuppe wie einer, der in seinem Leben nichts anderes getan hatte. »Wie teuer?«, fragte ich. »89 Pfennig«, sagte die Kassiererin, und ich konnte mir ein Grienen angesichts dieser eindruckvollen Bestätigung meines Billigtheorems nicht verkneifen. Als ich mit der Plastiktüte in der Hand den Intershop verließ, fehlte nur der Wagen mit Fahrer, der mich nach meinem höchstexklusiven Einkauf nach Hause chauffierte.

## IV

Meine Einzimmerwohnung mit Außenklo im Prenzlauerberg betrat ich wie der Sonnenkönig ein Festbankett. »Kröver Nacktarsch« und »Französische Zwiebelsuppe« – es hätte mich nicht gewundert, wenn die telepathischen Eruptionen in meinem Gehirnkasten Leute aus der Nachbarschaft animiert hätten, bei mir anzuklopfen, um an dem Königsmenü teilzunehmen. Lange hielt ich die Weinflasche in der einen und die Tütensuppentüte in der anderen Hand und labte mich an ihrem Anblick, wie ich früher nur Puma-Knöchelturnschuhe adoriert hatte. 750 Milliliter Wasser maß ich ab und stellte sie auf den rostigen Gasherd, als handele es sich um kostbare Medizin. Wie ein Zeremonienmeister, nein, wie ein Chirurg durchschnitt ich mit einer Nagelschere den Tütenrand und ließ das Suppenkonzentrat ins Wasser grieseln. Als nächstes öffnete ich den Wein. Kurz bevor ich ihn ins Glas gießen wollte, fiel mir ein, daß wertvolle Weine dekantiert zu werden pflegen. Leider hatte ich keine Karaffe zur Hand, eine Blumenvase, die ich auswusch wie ein syphilitisches Pißbecken, genügte als Ersatz. Düfte durchzogen die Küche, ich schloß die Augen. Dann schöpfte ich eine Kelle Suppe auf den Teller, dann goß ich mir ein Glas ein, dann konnte es losgehen.

Mit spitz angewinkelten Lippen probierte ich als erstes vom Wein. Ich war auf eine Sensation gefaßt gewesen, aber nicht auf diese Sensation. Ich stöhnte, ich röchelte, ich atmete durch. Euphorie bemächtigte sich meiner. So also schmeckte Wein, so also hatte ein Weltspitzerzeugnis zu schmecken. Als nächstes nahm ich mir die Suppe vor. Da schwammen sogar echte Zwiebelstücke drin. Ich kostete. Ich schwieg. Ich schloß erneut die Augen. »Superb«, ging es mir durch den Sinn, »ausgesprochen superb«. Woher ich das Wort hatte und wie es Zugang zu meinem aktiven Vokabular gefunden hatte, ich wußte es nicht. Ich überlegte, ob der Wein besser zur Suppe paßte oder die Suppe besser zum Wein. Während ich noch aß und trank, formulierte ich Sätze für ein anstehendes Interview, das ich als Kenner und Gourmet, der ich nun war, demnächst würde zu geben haben. »Frage: Herr Wieland, viele DDR-Bürger werden, wenn sie jetzt in den Westen kommen, mit der verwirrenden Warenwelt konfrontiert und fühlen sich mit der Vielzahl von Angeboten überfordert. Wie könnten sie vermeiden, sich Ramsch andrehen zu lassen? – Antwort: Es wird sicher dauern, bis man sich orientieren kann, und noch länger, bis man zu den Feinheiten der lange unterschätzen asiatischen Küche des vorderen oder hinteren Orients und der französischen Küche vordringt oder sich mit Kennerschaft den deutschen Spitzenweinen stellt. Gutes muß aber nicht teuer sein. Das ist die Rechnung nach Milchmädchenart. Viele Händler setzen ja jetzt, da sie wissen, daß die DDR-Bürger sich nur am Preis orientieren können, fürsorglich die Preise hoch. – Frage: Können Sie eine Empfehlung aussprechen? – Antwort: Sicher. Nehmen Sie zum Beispiel«, ich lugte unauffällig auf das Etikett, »den 88er ›Kröver Nacktarsch‹. Ein exquisiter Tropfen, dem gegenüber alle DDR-Weinsorten, von ›Grauer Mönch‹ bis zum ›Lindenblättrigen‹, zu chemischen Kampfstoffen erklärt werden müssen. Freilich gehört Mut und Kennerschaft dazu, diesen Wein voll auszukosten.« Im weiteren Verlauf des Abends absolvierte ich noch einige imaginäre Fernsehauftritte und verfaßte etliche Essays zum Thema.

## V

In den folgenden Tagen und Wochen sah man einen Irren wie ferngesteuert zwischen Intershop und Wohnung pendeln und »Französischen Zwiebelsuppe« und »Kröver Nacktarsch« spedieren. Keine Ahnung, warum ich nicht gleich eine ganze Batterie davon, sondern immer nur portionsweise kaufte. Wahrscheinlich wähnte ich, doch einmal einen Wagen mit Fahrer vorzufinden.

Wie lang das so lief, ich weiß es nicht. Die 100 Mark Begrüßungsgeld gingen jedenfalls komplett dafür drauf. Wenn ich bedenke, daß die spanischen Kolonisatoren seinerzeit die Indianer mit Glasperlen und Feuerwasser gefügig machten, finde ich, daß ich mit Zwiebelsuppe genannter Salz- und Nitratlake sowie brutal verschnittenem Wein kaum besser bedient war. Die Indianer wenigstens wehrten sich, wenn auch vergeblich, als die Spanier einfielen. Die Ostdeutschen hingegen erlitten bekanntlich einen kollektiven Orgasmus, als ihnen die Bananen reingeschoben wurden.

**Nachsatz**

Sind wir nicht alle, wenn wir's überlegen, DDR-Bürger? DDR-Bürger, die vom ominösen Objekt der Begierde, dem sie im Augenblick huldigen, Jahre später aufs Unerquicklichste düpiert werden? Und sehnen wir uns nicht alle nach einem Stückweit DDR zurück, einem Staat, der seine Leute mit Gewalt daran hinderte, auf ihre Würde zu pfeifen? Mal angenommen, ja.

# Die Autoren:

Hartmut El Kurdi schreibt Theaterstücke, Kinderbücher, Hörspiele und arbeitet als Theaterregisseur, Schauspieler und Vorleser. Zuletzt veröffentlicht: »Der Viktualien-Araber«, Tiamat, Berlin 2007. Der Beitrag »Schmeiß die Oma auf den Teller« ist eben diesem Buch entnommen.

Stefan Gärtner, Redakteur der *Titanic*. Buchveröffentlichung: »Man schreibt deutsch: Hausputz für genervte Leser«, Rowohlt, Reinbek 2006

Tobias Geigenmüller, ein literarischer Novize, der, um bekannt zu werden, seine Geschichten notfalls auch mit Megafon auf dem Kudamm vortragen würde. »Ihre Stimme wird demnächst von einer interessanten Person entdeckt«, stand auf seinem Glückskekszettel. Und so war es dann auch.

Uli Hannemann lebt als Autor und Taxifahrer in Berlin-Neukölln. Er wirkt bei verschiedenen Berliner Lesebühnen mit. Letztes Buch: »Neulich im Taxi«, Berlin 2009.

Michael O.R. Kröher, Jahrgang 1956, war schon Musikkritiker bei *Sounds*, Kulturredakteur bei *Twen* sowie Mitgründer und Texter des ÖffentlichkeitsKombinats in Hamburg gewesen, als er sich entschloss, einen an ihn ausgelosten Studienplatz in Humanmedizin anzunehmen. Nach ärztlicher Prüfung und Promotion zog es ihn jedoch zurück in den Journalismus. Er schrieb Reportagen für *Geo* und den *Merkur*, Aufsätze für die *Zeit*, *Der Alltag* und *Wespennest*, war Ressortleiter beim *Stern* und bei *Die Woche* sowie Gründungs-Chefredakteur eines Online-Portals. Seit 1999 betreut er Themen aus Forschung und Technologie in der Redaktion des *manager magazins*. Sein Beitrag »Nichts gegen die da drüben« erschien zum ersten Mal 1982 in der Zeitschrift *Transatlantik*.

Wolfgang Pohrt lebt als Privatier zurückgezogen in Stuttgart. Letzte Buchveröffentlichung: »FAQ«, Tiamat, Berlin 2004. Sein Beitrag »Haß gegen den Rest der Welt« erschien in: »Das Jahr danach. Ein Bericht über die Vorkriegszeit«, Tiamat, Berlin 1992.

Michael Quasthoff lebt in Hannover und arbeitet im Sprengel Museum. Mit Dietrich zur Nedden betreibt er die »Fitzoblongshow«. Zuletzt erschienen: »Teewurst und Thanatos«, Wehrhahn, Hannover 2009.

Harry Rowohlt lebt als Autor und Übersetzer in Hamburg Eppendorf und schauspielert in der »Lindenstraße«. Buchveröffentlichung (zusammen mit Ralf Sotscheck): »In Schlucken-zwei-Spechte. Harry Rowohlt erzählt Ralf Sotscheck sein Leben von der Wiege bis zur Biege«, mit einem nagelneuen Kapitel »Acht Jahre danach«, Tiamat, Berlin 2009. Der Beitrag »Die slawische Seele der Ossis« ist diesem Buch entnommen. Außerdem erschienen: »Gottes Segen und Rot Front. Nicht weggeschmissene Briefe II«, Kein und Aber, Zürich 2009.

Oliver Maria Schmitt, 1966 in Heilbronn am Neckar geboren, war Chefredakteur des Faktenmagazins *Titanic*, schrieb Bücher, Hörspiele, Musicals und insgesamt schwarze Zahlen. Zuletzt veröffentlichte er »Der beste Roman aller Zeiten«, Rowohlt Berlin, 2009, und kassierte den Henri-Nannen-Preis 2009. Sein Beitrag »Altenburg« erschien in: »Hit me with your Klapperstock. Ein Vademekum für Deutschland«, Tiamat, Berlin 2005.

Martin Sonneborn, ehemals Chefredakteur, jetzt Mitherausgeber von *Titanic*, hat 2004 DIE PARTEI gegründet, die den Wiederaufbau der Mauer in ihr Programm aufgenommen hat, und ist Leiter des Satireressorts von *Spiegel Online*. Zuletzt erschienen der Film: »Die Partei« (2009), und das Buch zum Film: »Das Partei-Buch. Wie man in Deutschland eine Partei gründet und die Macht übernimmt«, KiWi, Köln 2009.

Fritz Tietz lebt in der Nähe Hamburgs und ist freier Autor. Buchveröffentlichung: »Und vorne brennt die Luft. Aus der Welt der körperlichen Ertüchtigung«, Tiamat, Berlin 2005. Sein Beitrag »Deutscher als alle anderen« erschien in: Klaus Bittermann (Hg.) »It's a Zoni«, Tiamat, Berlin 1999.

Horst Tomayer, geboren 1938, lebt in Hamburg. Früher Versicherungsangestellter und Praaktikant bei Neuss, jetzt *Konkret*-Kolumnist. Von ihm gibt es einen Klassiker unter den Hör-CDs: »Interessieren Sie sich für Sexualität?« Tiamat, Berlin 2005.

Joseph von Westphalen lebt als Schriftsteller und Journalist in München. Letzte Buchveröffentlichungen: »Aus dem Leben eines Lohnschreibers«, Luchterhand, München 2008. »Zur Phänomenologie des arbeitenden Weibes«, Haffmans bei Zweitausendeins, Frankfurt 2009. Der Beitrag

»Kleine Kulturgeschichte der Aversion« erschien in: Klaus Bittermann (Hg.) »It's a Zoni«, Tiamat, Berlin 1999.

Heiko Werning lebt im Berliner Wedding, ist Autor und Reptilienforscher und Mitglied der Berliner »Reformbühne Heim & Welt« und den »Brauseboys«. Buchveröffentlichung: »In Bed with Buddha«, Tiamat, Berlin 2007.

Rayk Wieland lebt als Autor und TV-Journalist in der Nähe von Hamburg und demnächst in Saigon. Buchveröffentlichung: »Ich schlage vor, dass wir uns küssen«, Kunstmann, München 2009.

Hans Zippert, ehemals Chefredakteur der *Titanic*, heute einer der bekanntesten Kolumnisten Deutschlands. Buchveröffentlichungen: »Die 55 beliebtesten Krankheiten der Deutschen«, Tiamat, Berlin 2008. »Was macht dieser Zippert eigentlich den ganzen Tag? Aus dem Leben eines bekennenden Kolumnisten«, Tiamat, Berlin 2009. Der Beitrag »Rügen muß man Rügen nicht« erschien in: Klaus Bittermann (Hg.) »It's a Zoni«, Berlin 1999. Der Beitrag »Das Haus des Schreckens« erschien in: Klaus Bittermann (Hg.) »Auf Lesereise«, Berlin 2004

Jenni Zylka kam tatsächlich noch zu Mauerzeiten nach Berlin, schreibt seit den 90ern Texte über Kultur für Zeitungen, außerdem Bestseller für den Rowohlt-Verlag (»1000 *neue* Dinge, die man bei Schwerelosigkeit tun kann«, 2002 und »Beat Baby, beat!«, 2004), jede Menge Anthologiebeiträge und Drehbücher, moderiert eine Radio-Literatursendung für den WDR, ist für die Berlinale und das Grimme-Institut tätig, und moderiert Filmgespräche. Nebenbei arbeitet sie als Geheimagentin (samt 60er-Jahre-Angeberschlitten). Aber das ist geheim.

**Aus der Reihe Critica Diabolis**

21. *Hannah Arendt,* Nach Auschwitz, 13,- Euro
45. *Bittermann (Hg.),* Serbien muß sterbien, 14.- Euro
55. *Wolfgang Pohrt,* Theorie des Gebrauchswerts, 17,- Euro
65. *Guy Debord,* Gesellschaft des Spektakels, 20.- Euro
68. *Wolfgang Pohrt,* Brothers in Crime, 16.- Euro
100. *Jon Savage,* England's Dreaming, Punk & Sex Pistols, 14.95 Euro
104. *Harry Rowohlt & Ralf Sotscheck,* In Schlucken-zwei-Spechte, 17.- Euro
112. *Fanny Müller,* Für Katastrophen ist man nie zu alt, 13.- Euro
116. *Vincent Kaufmann,* Guy Debord – Biographie, 28.- Euro
118. *Franz Dobler,* Sterne und Straßen, 12.- Euro
119. *Wolfgang Pohrt,* FAQ, 14.- Euro
121. *Matthias Penzel & Ambros Waibel,* Jörg Fauser – Biographie, 16.- Euro
125. *Kinky Friedman,* Ballettratten in der Vandam Street, 14.- Euro
127. *Klaus Bittermann,* Wie Walser einmal Deutschland verlassen wollte, 13.-
129. *Robert Kurz,* Das Weltkapital, 18.- Euro
130. *Kinky Friedman,* Der glückliche Flieger, 14.- Euro
131. *Paul Perry,* Angst und Schrecken. Hunter S. Thompson-Biographie, 18.-
132. *Fritz Eckenga,* Du bist Deutschland? Ich bin einkaufen, 14.- Euro
135. *Ralf Sotscheck,* Der gläserne Trinker, 13.- Euro
138. *Kinky Friedman,* Tanz auf dem Regenbogen, 14.- Euro
139. *Hunter S. Thompson,* Hey Rube, 18.- Euro
140. *Gerhard Henschel,* Gossenreport. Betriebsgeheimnisse der »Bild« 14.-
144. *Hartmut El Kurdi,* Der Viktualien-Araber, 13.- Euro
145. *Kinky Friedman,* Katze, Kind und Katastrophen, 14.- Euro
146. *John Keay,* Exzentriker auf Reisen um die Welt, 14.- Euro
148. *Heiko Werning,* In Bed with Buddha, 14.- Euro
149. *Christian Gasser,* Blam! Blam! Und du bist tot! 16.- Euro
150. *Wiglaf Droste,* Will denn in China kein Sack Reis umfallen, 16.- Euro
152. *Roman Halter,* Romans Reise durch die Nacht, 18.- Euro
153. *Fanny Müller,* Auf Dauer seh ich keine Zukunft, 16.- Euro
154. *Nick Tosches,* Hellfire. Die Jerry Lee Lewis-Story, 16.- Euro
155. *Ralf Sotscheck,* Nichts gegen Engländer, 13.- Euro
156. *Hans Zippert,* Die 55 beliebtesten Krankheiten der Deutschen, 14.- Euro
157. *John Keay,* Mit dem Kanu durch die Wüste, 16.- Euro
158. *Jakob Hein,* Der Alltag der Superhelden, 16.- Euro
159. *Michael Stein,* Ich bin Buddhist und Sie sind eine Illusion, 15.- Euro
160. *Hunter S. Thomspon,* Die große Haifischjagd, 19.80 Euro
161. *Bittermann & Dobler* (Hg.), Smoke that Cigarette, 15.- Euro
162. *Lester Bangs,* Psychotische Reaktionen und heiße Luft, 19.80 Euro
163. *Antonio Negri, Raf V. Scelsi,* Goodbye Mr. Socialism, 16.- Euro
164. *Ralf Sotscheck,* Nichts gegen Iren, 13.- Euro
165. *Wiglaf Droste,* Im Sparadies der Friseure, Sprachkritik, 12.- Euro
166. *Timothy Brook,* Vermeers Hut. Der Beginn der Globalisierung, 18.- Euro
167. *Zippert,* Was macht eigentlich dieser Zippert den ganzen Tag, 14.- Euro
168. *Gabriele Goettle,* Wer ist Dorothea Ridder? 14.- Euro
169. *Joe Bauer,* Schwaben, Schwafler, Ehrenmänner, 14.- Euro
170. *Bittermann* (Hg.), Unter Zonis, 20 Jahre reichen so langsam, 15.- Euro

# http://www.edition-tiamat.de